DCG 5

Économie

L'essentiel en fiches

5e édition

Pascal **VANHOVE**
Ancien élève de l'ENS Cachan
Professeur de chaire supérieure en économie et gestion

Jean **LONGATTE**
Ancien élève de l'ENS Cachan
Professeur de chaire supérieure en économie et gestion

EDITIONS
FRANCIS LEFEBVRE

DUNOD

Collection « Express Expertise comptable »

DCG

- J.-F. Bocquillon, M. Mariage, *Introduction au droit*, DCG 1
- L. Siné, *Droit des sociétés* DCG 2
- V. Roy, *Droit social* DCG 3
- E. Disle, J. Saraf, *Droit fiscal* DCG 4
- P. Vanhove, J. Longatte, *Économie* DCG 5
- F. Delahaye-Duprat, J. Delahaye, *Finance d'entreprise* DCG 6
- J.-L. Charron, S. Sépari, F. Bertrand, *Management* DCG 7
- J. Sornet, *Systèmes d'information de gestion* DCG 8
- C. Disle, *Introduction à la comptabilité* DCG 9
- R. Maéso, *Comptabilité approfondie* DCG 10
- F. Cazenave, *Anglais appliqué aux affaires* DCG 12

DSCG

- V. Roy, G. Meyer, *Gestion juridique, fiscale et sociale*, DSCG 1
- P. Barneto, G. Gregorio, *Finance* DSCG 2
- S. Sépari, L. Le Cœur, *Management et contrôle de gestion*, DSCG 3
- R. Obert, *Comptabilité et audit*, DSCG 4

11 rue Paul Bert 92240 Malakoff
www.dunod.com
ISBN : 978-2-10-076245-3

Table des matières

Grands courants de pensée et principaux faits économiques et sociaux

L'économie de marché : son fonctionnement et ses imperfections

Financement et mondialisation de l'économie

Politiques publiques et régulation de l'économie

La science économique 1

Principes clés

- Le mot économie provient du grec « oîkos », qui signifie maison, et « nomos » qui représente les règles. L'économie serait donc, dans un premier temps, l'ensemble des règles de conduite des activités domestiques. Le terme « **économie politique** » marque donc l'élargissement de son domaine à la cité ou à la nation.
- La science économique, pour se distinguer des autres sciences sociales et humaines qui ont aussi pour objet l'être humain, se définit par un **objet** d'étude et une **méthode** qui lui sont propres.
- L'économie est une façon particulière d'étudier les comportements des hommes. Elle part du constat que les hommes éprouvent des besoins illimités, mais que les ressources dont ils disposent pour les satisfaire n'existent qu'en nombre limité (phénomène de rareté) : en conséquence, ils doivent faire des choix. La science économique est donc la science des choix, ou science de la décision.

1 L'objet de la science économique

- **Les besoins humains sont illimités** : on définit le besoin économique comme un manque qui peut être satisfait par l'acquisition ou la consommation de biens et services, sachant que ces mêmes biens et services sont produits en quantités limitées. On distingue alors les besoins qui possèdent un caractère absolu, que l'on ressent quelle que soit la situation des autres individus, et ceux qui ont un caractère relatif, que l'on éprouve au contact des autres. Bien entendu, les premiers peuvent atteindre un seuil (boire et manger par exemple), alors que les seconds paraissent illimités.
- **Les biens et les ressources sont limités** : l'économie ne s'intéresse qu'aux biens rares, que l'on appelle **biens économiques**, et écarte donc du domaine d'étude les **biens libres** qui, par opposition aux biens rares, sont disponibles en abondance, comme l'air, l'eau, le soleil, le vent. Les biens économiques se caractérisent par le fait qu'ils nécessitent un sacrifice pour être produits.

- **La rareté impose des choix** : comme les ressources en travail et en matières premières sont rares, il est impossible de produire tous les biens nécessaires à la satisfaction des besoins illimités. Ainsi, la science économique cherche à répondre aux questions suivantes : quels biens produire ? En quelles quantités doivent-ils être produits ? Comment ces biens doivent-ils être produits ? Pour qui ces biens doivent-ils être produits ? En définitive, on peut donner de la science économique la définition de Lionel Robbins en 1932 : « L'économie est la science qui étudie le comportement humain en tant que relation entre les fins et les moyens rares à usage alternatif ».

2 La méthode de la science économique

- **Hypothèses, lois et modèles en science économique** : les économistes font apparaître des lois qui semblent gouverner le comportement des agents. Une loi est fondée sur des hypothèses plus ou moins contraignantes qui représentent des simplifications de la réalité. Hypothèses et lois permettent alors de construire des modèles qui donnent une représentation théorique du fonctionnement de l'économie. Comme dans toute démarche scientifique, les modèles sont confrontés aux faits : la validité d'une théorie repose sur la capacité de ses conclusions à expliquer les faits.
- **Approche positive et approche normative** : une analyse positive explique pourquoi les choses et les comportements sont ce qu'ils sont. Elle vise donc à montrer le monde « tel qu'il est ». Par contre, une analyse normative cherche à définir ce que doivent être les choses et les comportements, à expliquer « comment doit être » le monde. Seule la démarche positive relève de la science, l'économie normative est trop influencée par des valeurs que l'on cherche à respecter. Cependant, les économistes conçoivent comme un prolongement logique de leur travail, le fait de donner des conseils en matière de politique économique par exemple. Toutefois, si les économistes émettent des avis, c'est toujours en dernier ressort les hommes politiques qui prennent les décisions.
- **Individualisme méthodologique et holisme** : l'individualisme méthodologique est une méthode d'analyse des faits économiques et sociaux qui part du principe que les phénomènes étudiés peuvent être expliqués à partir des comportements individuels, alors que le holisme considère que les comportements individuels s'inscrivent dans un contexte global prédéterminé (les normes et les règles d'une société, la catégorie sociale d'appartenance etc.). En conséquence, l'étude du contexte global est nécessaire pour comprendre les actes individuels.
- **Microéconomie et macroéconomie** : l'analyse microéconomique relève de l'individualisme méthodologique et prend pour point de départ l'analyse économique à l'échelle d'un agent. Elle choisit un agent type puis, pour passer aux grandeurs globales, elle propose d'agréger les décisions individuelles. À l'inverse, la macroéconomie s'intéresse aux relations entre les grandeurs globales. Donc, en microéconomie, le point de départ est l'analyse à l'échelle d'un agent économique, en macroécono-

mie il se situe à l'échelle de tous les agents économiques. Les conclusions de l'analyse microéconomique ne sont pas forcément généralisables au niveau macroéconomique. Il est difficile de donner des **fondements microéconomiques à l'analyse macroéconomique**, ce qui justifie une approche purement macroéconomique pour rendre compte de phénomènes que ne peut expliquer la microéconomie.

3 La frontière des possibilités de production

- **Le problème de la rareté peut s'illustrer par la « frontière des possibilités de production »** d'une économie. Si l'on considère qu'il n'est possible de produire que deux biens *X* et *Y*, la « frontière des possibilités de production » prend l'allure suivante :

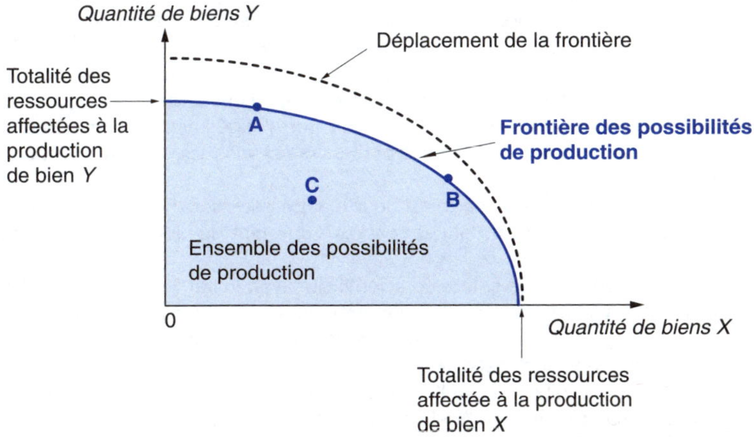

- **Les choix de production efficaces se situent sur la frontière** (en A et B par exemple). À l'intérieur de l'espace des possibilités de production, l'économie se priverait de la possibilité de produire plus de biens *X* et *Y* (en C). Il convient donc de choisir entre produire plus de biens *X* et relativement moins de biens *Y*, ou l'inverse.
- **La frontière dépend des ressources dont dispose l'économie** (volume de travail, matières premières, biens fabriqués dans le passé), mais également de l'état d'avancement du **progrès technique**. Ce dernier permet d'ailleurs de déplacer la frontière vers la droite et vers le haut (le schéma indique en pointillé un déplacement de la frontière des possibilités de production grâce au progrès technique dont bénéficie la production de bien *Y*).

Application

L'économie est-elle une science ?

Corrigé

L'analyse scientifique commence par des hypothèses et se prolonge dans l'expérimentation.
Karl Popper (1963) indique qu'une proposition devient scientifique quand elle peut être réfutée, c'est-à-dire quand il est possible de la confronter aux faits. Une hypothèse scientifique est donc une proposition qui comporte en elle la possibilité de sa réfutation.
La scientificité d'une hypothèse peut se comprendre à travers la célèbre parabole du cygne noir. Ce n'est pas parce que l'observation nous a conduit à ne rencontrer que des cygnes blancs que tous les cygnes sont blancs. On peut même dire que le scientifique serait plus avancé s'il croisait un cygne noir, car il prouverait alors que tous les cygnes ne sont pas blancs.
En somme, il est possible de prouver une erreur (l'existence d'un cygne noir prouverait qu'ils ne sont pas tous blancs), alors qu'on ne peut jamais établir une vérité. Une analyse scientifique n'est digne de ce nom que si elle peut être réfutée par l'observation des faits.
Le problème, en science économique, vient du fait que l'expérimentation apparaît difficile. Il semble inconcevable de faire des expériences pour savoir si la hausse des taux d'intérêt pourrait accroître le chômage.
Remarquons que ce problème se pose aussi pour d'autres sciences « dures », pour lesquelles les expériences ne sont pas toujours envisageables : que dire du clonage humain, des essais nucléaires ?
Ceci revient à remettre en cause le critère de scientificité avancé par Popper : ce n'est pas parce qu'on ne peut pas faire d'expérience que la démarche en économie n'est pas scientifique. D'ailleurs, elle est en partie possible si l'on construit des modèles qui permettent des simulations à l'aide d'outils mathématiques et statistiques.
En outre, l'économiste peut s'appuyer sur l'histoire pour valider son modèle théorique : ainsi, peut-être pourrait-on observer, au cours de l'histoire, que les périodes de hausse des taux d'intérêt se sont caractérisées par une hausse du chômage.
Enfin, les hypothèses en économie doivent être entendues comme des probabilités : le consommateur est le plus souvent rationnel, et ce n'est pas parce qu'on rencontre un individu qui ne l'est pas (un « cygne noir ») que l'hypothèse de rationalité doit être rejetée.

Les grands courants de la pensée économique 2

Principes clés

- La **science économique** naît de la confrontation entre les besoins illimités éprouvés par les êtres humains et la quantité limitée de biens disponibles pour les satisfaire. Cette science s'attache donc dans un premier temps à décrire, mesurer, comprendre les choix effectués par les agents économiques. Dans un second temps, elle cherche à bâtir des lois et des modèles pouvant servir à guider l'action politique.
- La réflexion économique apparaît chez les philosophes grecs (Aristote, Platon), qui étudient l'économie domestique, la gestion de la cité. Au Moyen Âge, c'est la morale chrétienne qui inspire la pensée économique. Entre le XVIe et le XVIIIe siècle, les **mercantilistes**, qui préconisent l'abondance d'or, l'intervention de l'État et le développement de la population, rendent la réflexion économique autonome mais ne constituent pas encore un courant économique structuré. Au milieu du XVIIIe siècle, les **physiocrates**, tout en réduisant la création de richesses à la production agricole, donnent une analyse économique globale sous forme de circuit et peuvent être considéré comme des précurseurs.
- À partir de la fin du XVIIIe siècle, de véritables **courant théoriques** se développent. Leurs divergences portent sur quelques questions fondamentales de l'analyse économique : la valeur des biens provient-elle de leur utilité ou du travail nécessaire à leur fabrication, les déséquilibres économiques peuvent-ils être durables, l'économie est-elle gouvernée par des « lois naturelles », les problèmes doivent-ils être abordés de façon micro-économique (comportement individuels) ou macro-économique (décisions et grandeurs globales) ?

1 Le courant classique

- **Le contexte historique** dans lequel se développe le courant classique est celui de la révolution industrielle et de l'essor du capitalisme. L'artisanat cède la place à l'industrie, le machinisme se généralise et l'exode rural fournit une main-d'œuvre bon marché pour les capitalistes, chargés d'apporter les capitaux en quantité de plus en plus importante.
- La **division du travail** est un concept fondamental de la pensée classique. **Adam Smith** (1723-1790) montre, à partir de l'exemple d'une manufacture d'épingles, que la productivité permet d'accroître la richesse des nations et du bien être économique.

- Selon le **principe de la « main invisible »**, lorsque chacun recherche son intérêt personnel, il contribue à la prospérité générale. Les lois naturelles de l'économie, dans un système concurrentiel où les prix jouent un rôle de régulateur, orientent les décisions individuelles vers l'optimum collectif.
- Selon la « **loi des débouchés** » de **Jean-Baptiste Say** (1767-1832), l'offre crée sa propre demande. D'après cette loi, toute production de biens entraîne la distribution du coût des facteurs, donc des moyens nécessaires à leur acquisition. Selon les classiques, les crises globales de surproduction sont donc impossibles.
- Le **libéralisme économique** est prôné par les économistes classiques comme la meilleur attitude possible pour l'État, illustré par le fameux « laisser faire, laisser passer ». l'intervention de l'État doit être limitée à ses fonctions d'État-gendarme. La circulation des marchandises doit être facilitée par l'ouverture des frontières. **David Ricardo** (1772-1823) montre que le commerce international est favorable à tous les pays.

2 Le marxisme en économie

- **Karl Marx** (1818-1883) fonde son analyse économique sur les tensions sociales engendrées par le capitalisme. La condition ouvrière de l'époque lui fait dresser un bilan très négatif du capitalisme et développer l'idée d'un autre système.
- **L'exploitation de la classe ouvrière** repose sur les mécanismes de création et de répartition de la valeur. Pour Marx, la valeur des biens provient exclusivement du travail nécessaires à leur fabrication : travail vivant, mis en œuvre pour produire, et travail mort, déjà incorporé dans les moyens de production. Comme la force de travail est aussi une marchandise, le déséquilibre offre-demande fait apparaître une différence entre le salaire et la valeur créée par la force de travail. L'appropriation de cette **plus-value** par les capitalistes constitue le fondement de l'exploitation.
- **Baisse du taux de profit et crises capitalistes** : la concurrence conduit le capitalisme à des crises. Le capitalisme est un système condamné à disparaître.

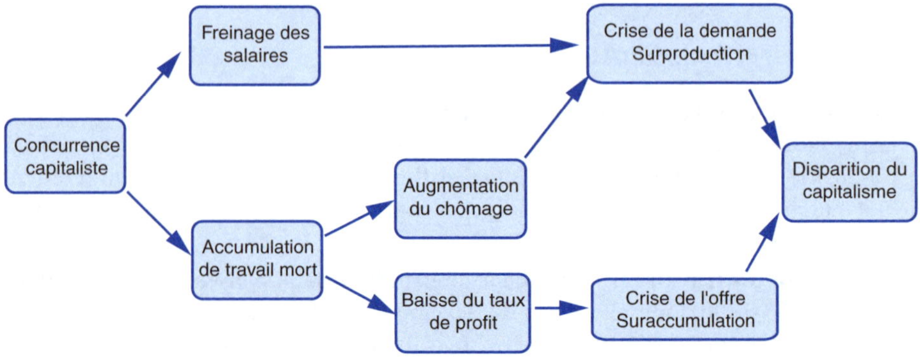

3 Le courant néo-classique

- Les économistes néo-classiques s'opposent à la valeur-travail et mettent en avant le rôle de l'**utilité marginale**. C'est la satisfaction que procure la dernière unité consommée – ou une unité supplémentaire – d'un bien qui donne aux biens leur valeur. Cette satisfaction est normalement décroissante.
- **L'*homo œconomicus*** est un être fictif, absolument rationnel, dont toutes les actions sont guidées par le souci de maximiser sa satisfaction. Le raisonnement néo-classique est avant tout micro-économique : le marginalisme conduit chaque agent à comparer le gain et le coût d'une unité supplémentaire pour chaque décision économique.
- **L'équilibre général** est obtenu par la juxtaposition des préférences individuelles des agents, qui donne une courbe d'offre croissante et une courbe de demande décroissante. À l'intersection des deux courbes, l'équilibre est obtenu et représente un **optimum de Pareto** au sens où aucune amélioration de la situation d'un agent ne peut être obtenue sans que celle d'au moins un autre ne soit détériorée. Le réajustement par les prix permet de revenir à l'équilibre en toute situation, ce qui rend impossible les crises durables.

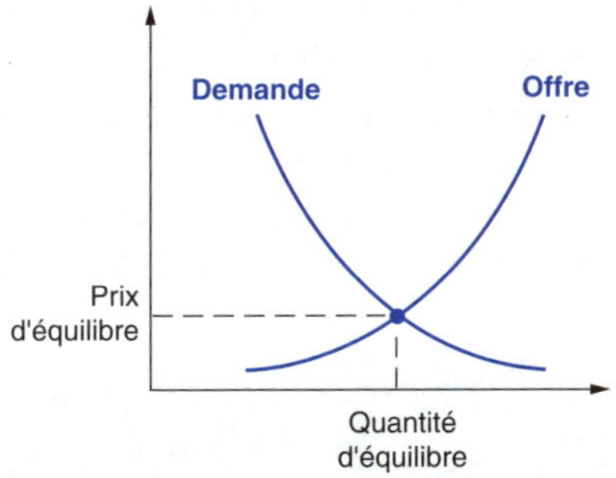

4 Le courant keynésien

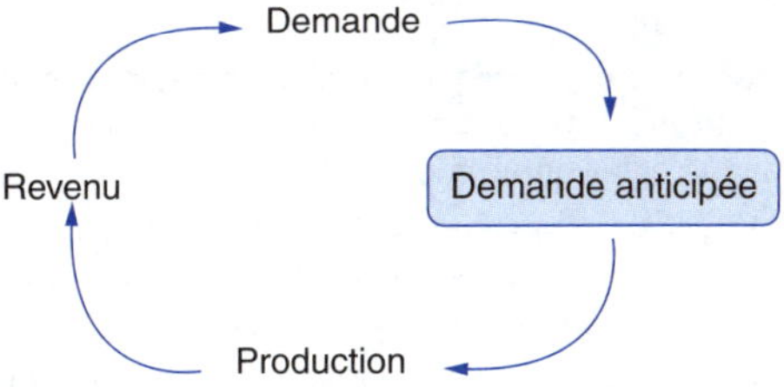

- **John-Maynard Keynes** (1883-1946) écrit dans le contexte de la grande crise économique des années trente et tente d'apporter les moyens de compréhension et un schéma d'action pour lutter contre les crises.
- Son analyse, strictement **macro-économique**, est menée en termes de circuit. Pour lui, la demande est fondamentale, et surtout la « demande effective », c'est-à-dire la demande anticipée par les producteurs. C'est elle qui détermine les autres éléments du circuit : production, revenu, emploi…
- **L'intervention de l'État** dans l'économie est nécessaire, selon Keynes, pour soutenir la demande. Le libre fonctionnement des marchés ne conduit pas forcément à l'équilibre. Des déséquilibres durables sont possibles, en particulier sur le marché du travail où la demande des entreprises s'ajuste en fonction de la demande effective même si cela ne correspond pas au plein emploi. C'est pourquoi l'État doit agir pour relancer la consommation et l'investissement.

5 Les limites de la science économique

La science économique rencontre des limites, quel que soit le courant théorique considéré : l'impossibilité d'isoler les comportement économiques, la partialité des idées et la difficulté de l'expérimentation.

- En tant que science sociale, l'économie traite des comportements d'individus, de groupes. Or il est souvent illusoire de vouloir isoler le caractère économique des choix, tant d'autres critères, psychologiques ou sociologiques par exemple, interviennent également.
- Tout théoricien s'appuie sur un système de références, de croyances, valables dans un contexte précis, qui détermine son mode de raisonnement. Ainsi, les vérités économiques sont partiales.
- La mise en expérimentation des lois économiques nécessiterait d'interrompre le déroulement du temps, de pouvoir revenir en arrière. Faute de cela, les économistes ne peuvent qu'interpréter l'évolution de certaines variables comme si les autres n'avaient pas changé, ce qui montre la relativité des observations.

Application

En quoi l'analyse keynésienne s'oppose-t-elle aux analyses classiques et néoclassiques ?

Corrigé

L'analyse économique keynésienne s'oppose fondamentalement aux théories classiques et néoclassiques. Keynes conteste la loi des débouchés, la prépondérance de l'analyse micro-économique et le libéralisme.

- Keynes remet en cause la loi des débouchés. Selon lui, ce sont les débouchés qui créent l'offre et non l'inverse. Les entreprises produisent ce qu'elles espèrent pouvoir vendre et elles investissent et emploient en conséquence.
- L'analyse keynésienne est d'emblée macro-économique, ce qui est en contradiction avec les néo-classiques pour qui les mécanismes collectifs ne sont que la juxtaposition des choix individuels. Keynes montre qu'au contraire, un raisonnement individuellement rationnel peut être collectivement néfaste. Il s'oppose donc aussi à la main invisible des classiques.
- Enfin, Keynes préconise l'intervention de l'État pour relancer la demande. Au contraire des classiques et des néo-classiques, il croit possibles les déséquilibres économiques persistants, en particulier le chômage. D'après lui, l'État doit donc intervenir pour rééquilibrer les marchés.

La pensée économique contemporaine

3

Principes clés

- Les analyses économiques contemporaines peuvent être classées en deux grandes catégories : celles qui reprennent le champ d'analyse d'un grand courant et celles qui s'en distinguent. Les premières sont qualifiées d'« orthodoxes » et les autres d'« hétérodoxes ».
- Les idées classiques et néo-classiques, marxistes et keynésiennes ont continué d'inspirer les économistes bien après la mort de leurs fondateurs. Les concepts sont alors élargis, adaptés à la période contemporaine ou renouvelés, mais la base théorique, les principes fondamentaux demeurent.
- Les hétérodoxes tentent de construire des modèles théoriques totalement nouveaux, souvent en liaison avec d'autres disciplines : histoire, sociologie… La pensée économique est constituée de courants dont l'influence évolue.

1 L'expansion keynésienne

- Après la Seconde Guerre mondiale, de nombreux économistes propagent et vulgarisent la pensée macro-économique keynésienne. Par exemple, le **modèle IS-LM de Hicks et Hansen** est une formalisation du système keynésienne comportant une situation d'équilibre monétaire et réel.
- **Les analyses keynésiennes de la croissance**, à la suite du **modèle d'Harrod et Domar**, montrent que la croissance ne peut être équilibrée qu'à certaines conditions d'investissement, de consommation et de répartition. D'autres auteurs ont donné une interprétation keynésienne des cycles économiques.
- Les relations économiques internationales sont intégrées dans l'analyse keynésienne en considérant les exportations comme des moyens de compenser la faiblesse de la demande intérieure.

- **L'influence keynésienne sur les politiques économiques** est très grande. L'analyse keynésienne inspire des politiques axées sur le soutien à la demande par des moyens monétaires et budgétaires. Les post-keynésiens montrent l'influence positive du budget de l'État sur l'activité économique. En outre, les systèmes de comptabilité nationale sont souvent élaborés sur une base keynésienne.

2 Le renouveau néoclassique

- **L'intégration des idées keynésiennes dans une optique néoclassique** est l'objectif de la **théorie du déséquilibre**, qui interprètent les déséquilibres entre l'offre et la demande comme un ajustement par les quantités lorsque l'ajustement par les prix est impossible.
- Le **monétarisme** est une contestation plus radicale de Keynes. **Hayeck et Friedman** s'opposent aux hypothèses retenues par Keynes, notamment en ce qui concerne les anticipations des agents économiques. Ils montrent les effets négatifs des politiques monétaires d'inspiration keynésienne et préconisent un strict contrôle de la masse monétaire, condition de l'équilibre économique.
- **Les théories de l'offre et l'école des choix publics** (*public choice*) s'attaquent à l'intervention de l'État, aux dépenses publiques. **Laffer** montre que « trop d'impôt tue l'impôt ». **Tullock et Buchanan** font le lien entre le choix publics et les processus électoraux.
- **Les modèles de croissance d'inspiration néoclassique**, comme celui de Solow par exemple, partent de l'optimum concurrentiel néo-classique. Ils tracent le chemin d'une croissance équilibrée à long terme.
- **La nouvelle micro-économie** abandonne les hypothèses les moins réalistes du modèle de concurrence néo-classique. Dans la **théorie des contrats**, les agents ne disposent pas du même niveau d'information. La **théorie des jeux** inclut les possibilités d'influence des comportements des agents par les décisions des autres.

3 Les analyses d'inspiration marxiste

- **L'analyse marxistes des crises capitalistes** met l'accent sur la sous-consommation des ménages et sur la sur-accumulation du capital. La mercatique, les exportations, les dépenses publiques ne sont alors que des soutiens permanents à la demande.
- **Le capitalisme monopoliste d'État** interprète l'existence du secteur public comme un moyen de lutter contre la baisse du taux de profit. L'État prend en charge les secteurs les moins rentables et laisse au secteur privé les activités les plus lucratives.
- **La théorie de l'échange inégal** dénonce l'impérialisme des pays développés dans leurs échanges avec le tiers-monde et préconise un développement accentué.
- **La théorie de la régulation** explique la crise actuelle par la crise du mode de régulation fordiste basée sur la production de masse et la consommation de masse et rendue possible par de forts gains de productivité.

4 Hétérodoxes et nouvelles voies de recherche en économie

- **Shumpeter** considère l'innovation comme la seule justification du profit. Selon lui, le progrès technique est à l'origine d'un processus de « destruction créatrice ». Pour Shumpeter, l'entrepreneur est l'agent propagateur des innovations économiques, qui stimulent la croissance et favorisent la mise en place de nouvelles structures. À l'inverse, lorsqu'une technologie arrive à maturité, la croissance se ralentit. L'innovation fournit donc aussi une explication des cycles longs.
- **L'institutionnalisme** incorpore les raisonnements économiques dans un ensemble complexe « d'institutions », c'est-à-dire de règles, d'habitudes, de comportements, de conventions qui déterminent les actes des individus, des groupes sociaux, des entreprises. **Galbraith** montre que les entreprises capitalises peuvent imposer leur loi au consommateur (théorie de la filière inversée). Pour la **théorie des conventions** et **l'économie des organisations**, les entreprises et les ménages sont réunis par un ensemble de règles, de conventions, qui organisent leur fonctionnement économique.
- **Les nouvelles théories de la croissance** mettent l'accent sur le rôle de l'innovation. Le progrès technique est une variable expliquée, qui renvoie à des comportements et à des variables économiques. La politique économique peut donc influencer la croissance à long terme, ce qui réhabilite le rôle de l'État. La **macroéconomie financière** met en avant la globalisation financière, qui accroît les interdépendances entre les pays et amplifie les fluctuations réelles de la croissance.

5 La théorie des jeux et l'analyse économique

- La théorie des jeux s'inscrit dans le cadre de la décision en univers incertain. Elle prend en compte les situations dans lesquelles il y a interaction entre les choix des acteurs. L'objectif de cette théorie est alors de déterminer le comportement des agents rationnels ayant à prendre une décision sans connaître celle des autres participants.
- Le champ d'application de la théorie des jeux va de la décision d'entreprise en situation de concurrence imparfaite aux comportements sur les marchés financiers en passant par les négociations avec les syndicats.
- La théorie des jeux a permis de mettre en évidence des phénomènes particuliers. Ainsi, le « dilemme du prisonnier » montre que rationalité individuelle et rationalité collective ne correspondent pas forcément.

	Y se tait	*Y* dénonce *X*
X se tait	1 an pour *X* 1 an pour *Y*	4 ans pour *X* *Y* libéré
X dénonce *Y*	*X* libéré 4 ans pour *Y*	2 ans pour *X* 2 ans pour *Y*

- Ce dilemme met en scène deux prisonniers arrêtés et écroués dans des cellules séparées et connaissant la règle du jeu (tableau). Chacun a intérêt à dénoncer, quelle que soit la décision de l'autre prisonnier. La sanction sera donc alors de 2 ans de prison alors que la rationalité collective aurait conduit les deux prisonniers à se taire (1 an de prison).
- La théorie des jeux a mis en évidence le rôle des « croyances », c'est-à-dire des présupposés et des anticipations, dans la prise de décision des agents. Certaines croyances sont « auto-réalisatrices », c'est-à-dire qu'elles sont validées à condition d'être partagées, quelle que soit leur rationalité propre. Ce phénomènes a permis d'analyser certains aspects du fonctionnement des marchés financier.

Application

Peut-on établir un lien entre la pensée économique contemporaine et les décisions politiques ?

Corrigé

La pensée économique contemporaine s'exprime sous forme de théories, de recherches, de concepts. Ses champs d'analyse et ses méthodes sont multiples, plus ou moins inspiré de la situation réelle. La décision politique cherche à infléchir la situation économique réelle. Ces deux domaines sont donc plus naturellement liés. Les décisions politiques peuvent s'appuyer sur une réflexion économique, constituer un objet de recherche en économie.

- Les décisions politiques peuvent s'inspirer des théorios économiques. En effet, les dirigeants économiques prennent la plupart de leurs décisions en référence à des courants théoriques. Ainsi, la théorie keynésienne a conduit aux politiques de relance, le monétarisme à la rigueur monétaire. Le renouveau néoclassique a inspiré de nombreuses politiques libérales au cours des années 1980. Plus particulièrement, le reaganisme s'appuyait sur la réflexion des économistes de l'offre. Aujourd'hui, les théories de la croissance endogène réhabilitent le rôle de l'État dans l'économie.
- Néanmoins, il ne faut pas exagérer le rôle de la pensée dans la conduite des politiques économiques. Les gouvernements doivent prendre en compte les diverses contraintes liées à une situation réelle et non théorique. Ainsi, la réhabilitation du rôle de l'État n'annule-t-elle pas l'urgence des déficits publics. L'opinion publique, les diverses pressions auxquels sont soumis les gouvernants, l'urgence et l'imprévu de certaines situations réduisent le rôle de théories dans la conduite des politiques économiques.
- En outre, la décision politique est un des champs de réflexion de la pensée économique. L'école des choix publics analyse le type de rationalité en œuvre dans la prise de décision politique : recherche de l'intérêt général ou optimisation d'une trajectoire personnelle ? La théorie des jeux étudie les diverses stratégies possibles pour un gouvernement dans le cadre des négociations.

Histoire économique : de la révolution industrielle à la Seconde Guerre mondiale

4

Principes clés

- Débutée à la fin du XVIIIe siècle au Royaume-Uni et se diffusant au cours du XIXe siècle, la révolution industrielle génère des mutations économiques, avènement du capitalisme et du libéralisme, mais également des changements essentiels dans le fonctionnement même des sociétés avec l'apparition des classes sociales puis rapidement leur rivalité.
- Si la Première Guerre mondiale met un coup d'arrêt à cette expansion et marque la fin de la domination européenne, les nouvelles règles économiques et sociales qui semblent sources de progrès se généralisent au cours des années 1920 qui se terminent par la grande crise de 1929.
- Cette crise va plonger les pays industrialisés dans des difficultés suffisamment importantes pour que de nouvelles approches en matière de politique économique soient adoptées. Les années 1930 vont ainsi annoncer les interventions que de nombreux États vont mettre en place dans le domaine économique et social de façon plus significative encore après la Seconde Guerre mondiale.

1 La révolution industrielle ou l'entrée dans le monde économique moderne

- Il est communément admis que la révolution industrielle a été précédée d'une révolution agricole. Cette première révolution se serait déroulée approximativement au cours de la période 1680-1720. Elle s'explique par des transformations dans l'organisation générale de la production avec l'abandon de l'exploitation collective et la mise en place de parcelles individualisées. Le souci de faire fructifier leur domaine va pousser à l'innovation les grands propriétaires.
- Les surplus agricoles ainsi dégagés vont permettre un développement démographique jamais connu jusqu'alors. Cette évolution démographique contribue à four-

nir des facteurs de production en plus grand nombre mais également à stimuler la demande. On peut considérer qu'il s'agit là de deux éléments importants dans le décollage de l'industrie. La réponse apportée par l'industrie à la hausse de la demande agricole n'a pu se faire que grâce à de multiples innovations dans la métallurgie et le textile.

- Le passage de l'artisanat à l'industrie ne peut se faire sans que certains individus n'en assurent le financement. Ces acteurs, les « capitalistes » vont faire appel à d'autres agents les « salariés » qui acceptent de vendre leur force de travail dans cette nouvelle organisation de la production. Le capitalisme va ainsi prendre forme au cours du XIXe siècle avec l'apparition des sociétés anonymes (vers 1856 en Angleterre et vers 1867 en France).

2 De la grande guerre à la grande crise

- Après la meurtrière parenthèse de la Première Guerre mondiale, les grandes puissances économiques vont reprendre leur élan dans le cadre du capitalisme libéral hérité de la révolution industrielle. Toutefois, les rapports de force ont changé, les États-Unis ont, en effet, profité de leur participation militaire tardive au conflit. On peut même considérer que le nouveau monde a tiré profit commercialement et surtout financièrement du conflit sur le vieux continent.
- Les États-Unis vont surmonter la crise de reconversion de l'après guerre (retour vers une production civile) et connaître une période de prospérité comme jamais ils n'en ont connu jusque-là. L'Amérique devient la puissance économique dominante, les Américains consomment alors la moitié de l'énergie électrique mondiale. Les ressorts de cette expansion sont à chercher dans l'efficacité apportée par le taylorisme.
- Les Américains découvrent alors l'ère de la consommation et de la production de masse. Si les biens d'équipement ménagers se diffusent (réfrigérateurs, radiateurs, aspirateurs...), l'événement économique majeur de cette époque reste l'avènement de l'automobile comme produit accessible au plus grand nombre.
- Toutefois, la crise de 1929 oblige à revoir l'analyse économique des années 1920 et à considérer comme factice la prospérité observée au cours de cette décennie. La croissance reposerait notamment sur le caractère artificiel de la hausse de la demande stimulée à la fois par la publicité et par le crédit
- Les performances de l'industrie américaine semblent justifier la hausse des cours boursiers. Cependant, il est beaucoup plus surprenant de constater que les deux phénomènes ne se réalisent pas dans les mêmes proportions. La rationalité économique perd encore un peu plus de sa substance en juin 1929 lorsque les chiffres de la production automobile commencent à chuter, alors que les cours boursiers continuent leur progression à la hausse.

- Début octobre, les cours boursiers deviennent très instables. La catastrophe débute le « jeudi noir » du 24 octobre 1929 et se poursuit le « mardi noir » du 29 octobre : 16 millions de titres sont offerts à la vente et les cours chutent à nouveau de plus de 40 points. La chute ne s'arrêtera plus jusqu'en 1933 et la crise va se diffuser à l'ensemble de l'économie américaine.
- Il est bien évident que le krach boursier est la suite logique de la folie spéculative. Pour certains auteurs, la spéculation est la conséquence d'une politique monétaire laxiste de la banque centrale américaine favorisant l'endettement des agents à des fins de placements boursiers.
- Mais, s'il y a eu crise boursière, celle-ci s'explique aussi par la faiblesse de l'économie réelle. L'analyse des faiblesses de l'économie réelle renvoie à la question de la surproduction ou de la sous-consommation. On peut à ce titre constater que les années 1920 restent marquées par l'émergence de la production de masse et l'idée que la consommation ne parvient à s'ajuster que par un certain nombre d'artifices (développement du crédit notamment).

3 Les années 1930 : les années sombres

- Aux États-Unis, la crise financière se transforme en crise bancaire. Les banques sont victimes directement de la crise boursière en raison des prêts qu'elles ont accordés. Les banques ne pouvant faire face à cette demande de retrait massif, le système bancaire enregistre en conséquence une multiplication de faillites qui s'enchaînent dans un processus cumulatif de perte de confiance.
- Pour les entreprises industrielles, à la raréfaction du crédit liée aux difficultés bancaires vient s'ajouter la contraction des débouchés, deux facteurs qui provoquent l'arrêt brutal des investissements malgré la baisse des taux d'intérêt. Pour écouler leur production, les industriels sont contraints de baisser les prix, faisant ainsi entrer l'économie américaine dans la déflation.
- L'impact de ces difficultés sur l'emploi est considérable, le taux de chômage se rapproche des 25 % de la population active en 1933 et les salaires connaissent une baisse significative.
- À travers le New Deal, l'administration américaine cherche à relancer l'économie. La mesure la plus emblématique et la plus connue est le programme de la Tenessee-ValleyAuthority (mai 1933). À travers cette organisation se met en place une politique de grands travaux qui annonce les politiques keynésiennes s'appuyant sur le mécanisme du multiplicateur d'investissement.
- La sécurisation des marchés financiers est également une des priorités du gouvernement. À cet effet, la loi sur la « vérité des actions » est votée en 1933 afin qu'une plus grande transparence soit de mise lors de l'émission de nouveaux titres. Historiquement plus importante encore, la décision en 1934 de créer la SEC (Securities

and Exchange Commission) qui, depuis lors, est chargée de surveiller les activités boursières.

- Le New Deal se traduit enfin un virage plus social dans la politique américaine avec des mesures visant à améliorer les conditions de travail et de vie des salariés.
- En France, l'originalité dans les politiques mises en œuvre apparaît plus tardivement avec l'arrivée au pouvoir du Front Populaire en 1936. L'originalité réside ici dans la volonté d'inverser l'ordre des priorités entre le financier, l'économique et le social.
- La politique menée qualifiée de politique du « pouvoir d'achat » repose essentiellement sur la mesure phare de réduction du temps de travail. En conséquence, la durée légale du travail hebdomadaire passe de 48 heures à 40 heures, modifiant ainsi considérablement la réforme de 1919 qui avait institué la journée de 8 heures à raison de 6 jours par semaine.

4 Un monde en quête de cohésion

- Aux États-Unis, au cours des années 1930 on assiste à un durcissement des conflits sociaux avec la montée en puissance des syndicats. Les effectifs augmentent dans des proportions très significatives et les conflits deviennent de plus en plus violents.
- En France, le mois qui sépare l'élection du Front Populaire de sa prise de fonction est une période marquée par des conflits très importants. En final, toute l'industrie est touchée ainsi que le commerce et les grands magasins. L'ensemble du secteur privé est concerné, soit directement par la grève, soit par des problèmes d'approvisionnement en matières premières et en énergie. Les grèves de 1936 marquent une rupture puisque le mouvement social prend une forme différente de celle des conflits passés avec l'occupation des usines ce que l'on appellera la « grève sur le tas ».
- L'absence de cohésion se fait également ressentir à l'échelle internationale en premier lieu sur le plan commercial. Dans ce domaine, on assiste à une montée en puissance du protectionnisme dans le monde. Les premières mesures de protection du marché intérieur sont prises aux États-Unis suivies très rapidement par des réactions du même ordre un peu partout dans le monde.
- Sur le plan monétaire, la crise provoque la fin du SMI. L'effondrement de celui-ci est précipité par la dévaluation de la livre en 1931. Une dernière tentative est menée pour rétablir l'étalon de change or lors de la conférence de Londres en 1933.

Application

La politique économique américaine face à la crise de 1929.

Corrigé

« Je n'ai jamais cru que dans notre système capitaliste les gens doivent être pauvres. Je crois qu'ils sont pauvres parce que nous n'avons pas assez de cervelle pour diviser chaque année notre revenu national et les empêcher d'être pauvres ». Harry Hopkins (conseiller du président Roosevelt).

Le « plus de cervelle » fait penser à l'ambition du New Deal d'une plus grande créativité pour faire face à la crise de 1929.

La première idée importante est de mettre en évidence la naissance de l'interventionnisme. Pour la première fois dans l'histoire économique, l'État intervient massivement pour faire face aux dysfonctionnements du marché. Sur le plan économique, l'investissement public va se substituer à l'investissement privé à travers la politique des grands travaux. Sur le plan social, le chômage apparaît pour la première fois comme un mal social ce qui justifie les premières mesures de protection des salariés et des chômeurs.

Cependant, l'intervention de l'État ne sonne pas pour autant la fin des mécanismes de marché. Beaucoup de décisions relèvent de l'encadrement de ces mécanismes : sécurisation des marchés financiers, normalisation des relations sociales. En final, il y a bien rupture avec la mise en œuvre de politiques conjoncturelles actives mais sur le plan structurel l'économie américaine reste fondamentalement libérale et le marché reprendra d'ailleurs toute sa place après la Seconde Guerre mondiale.

5 Histoire économique : depuis la Seconde Guerre mondiale

Principes clés

Les années 1930, les années de guerre, les années sombres laissent la place après le conflit à une période de reconstruction et de recomposition du paysage économique et politique.
C'est dans ce contexte que débute la phase de l'histoire économique durant laquelle les pays industrialisés vont connaître une expansion jamais atteinte jusque-là.
Toutefois, le choc pétrolier de 1973 marque à la fois la fin de cette phase de grande prospérité et la remise en cause des mécanismes qui la sous-tendaient.
Les tenants du libéralisme, monétaristes, économistes de l'offre, reprennent les rênes du pouvoir et inspirent les politiques économiques des grandes puissances. Dans le même temps, les principales économies socialistes s'effondrent ou se convertissent elles-mêmes au capitalisme libéral dans le cadre de la mondialisation.

1 De la reconstruction à la prospérité

- À la sortie de la Seconde Guerre mondiale, les économies des grandes puissances sont en ruine à l'exception de celle des États-Unis. La remise en ordre du commerce mondial passe donc par leur reconstruction. Pour faciliter et accélérer cette dernière, les États-Unis vont mettre en œuvre toute leur puissance à travers le plan Marshall.
- Ce plan Marshall se traduit, en final, par une aide globale de 13,2 milliards de dollars sur la période 1948-1952. Grâce à l'aide reçue, les pays concernés peuvent acheter des matières premières et des machines pour l'essentiel aux États-Unis et pour une partie moindre à des pays tiers.
- L'après guerre est également marquée par la tenue de la conférence de BrettonWoods le 22 juillet 1944. Les nouvelles règles donnent une place essentielle au dollar qui va servir d'étalon en devenant le seul équivalent de l'or (35 $ l'once d'or). Ce système

de change fixe sur lequel doit veiller la nouvelle institution qu'est le FMI (Fonds Monétaire International) va favoriser l'essor considérable des échanges internationaux au cours des « Trente Glorieuses ».

- Le commerce international se développe également grâce à la diffusion du libre-échange. Des négociations engagées entre les grandes puissances naît le GATT (General Agreement on Tarrifs and Trade) qui instaure le multilatéralisme à travers une série de cycles de négociations (les « *round* »).
- Cette phase de reconstruction et de recomposition achevée, débute alors la période des Trente Glorieuses, expression que l'on doit à l'économiste français Jean Fourastié, pour qualifier ces décennies marquées par des taux de croissance exceptionnelles, des taux de chômage inférieur à 2 % de la population active et une explosion des échanges.

Évolution de la répartition des dépenses de consommation (en %)

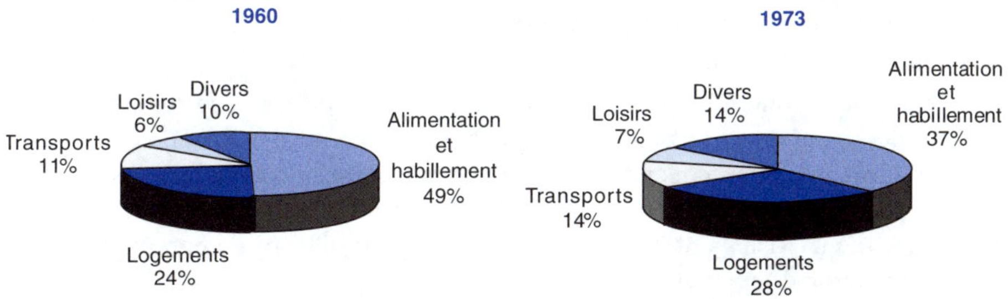

- Les performances économiques au cours des Trente Glorieuses sont souvent expliquées par le modèle fordiste. En effet, les économies d'échelle et les gains de productivité se répartissent de façon équilibrée entre les actionnaires, les salariés et les consommateurs.

2 Crise, mutations et changements de paradigme

- Il est indéniable que le choc pétrolier de 1973 marque une rupture dans l'histoire économique. La croissance, au cours des Trente Glorieuses, s'est grandement appuyée sur un prix bas de l'énergie. La dépense énergétique liée à la croissance forte provoquait une consommation incontrôlée, proche du gaspillage, dont les effets sur l'environnement commençaient à être condamnés.
- Le déclenchement de la crise va venir de la guerre du Kippour entre octobre et décembre 1973. En mesure de représailles, les pays membres de l'OPEP (organisation des pays exportateurs de pétrole) décide de multiplier par quatre le prix du pétrole. En 1979, survient le deuxième choc pétrolier à la suite de la guerre entre l'Iran et l'Irak.

- Toutefois, la crise pétrolière n'explique pas tout. L'effondrement du SMI a également contribué à amplifier la récession. La généralisation des taux de change flottants à partir de 1971 se traduit par un désordre monétaire qui prolonge et aggrave les difficultés économiques. L'instabilité du taux de change modifie sans cesse les conditions de la concurrence et désorganise le commerce mondial.
- De plus, le fait marquant de la période demeure la coexistence inédite de l'inflation et de la récession donnant naissance au néologisme de « stagflation ».
- Le premier choc pétrolier va donc provoquer une poussée inflationniste qui durera plus d'une décennie renforcée qu'elle a été par le second choc pétrolier. Il faudra attendre, en effet, 1984, pour que le rythme d'inflation se ralentisse.

3 La construction du monde économique contemporain

- À la fin des, années 1970, l'arrivée au pouvoir de Ronald Reagan aux États-Unis et de Margaret Thatcher en Angleterre reste le symbole d'une réorientation très forte des politiques économiques.
- Dès lors, une volonté politique s'est affirmée de transformer le système de financement des économies (passage à une « économie de marchés financiers »). Cette volonté s'est exprimée concrètement par des incitations (notamment fiscales) au développement des marchés financiers. Dans l'esprit de la théorie quantitative, les politiques monétaristes ont été privilégiées avec pour objectif de contrôler strictement l'évolution d'un agrégat monétaire.
- Les résultats aux États-Unis vont être spectaculaires, l'inflation supérieure à 10 % en 1980 est passée sous la barre des 4 % en 1983. Toutefois, ces résultats ne sont obtenus qu'au prix de fortes hausses de taux d'intérêt qui participent au déclenchement de la récession en 1982 (le PIB chute de plus de 2 %) et à la valorisation du dollar, autant d'éléments qui pénalisent l'emploi et les salaires.
- Enfin, la période est marquée par un très fort désengagement de l'État avec notamment de vastes programmes de privatisations qui vont jusqu'à toucher des activités relevant traditionnellement du service public.
- Le modèle libéral va se diffuser, en grande partie, par l'intermédiaire des institutions internationales pour donner naissance à ce que l'on a coutume d'appeler aujourd'hui, la mondialisation (« extension de l'économie de marché à l'ensemble de la planète »).
- Les années 1980 ont vu apparaître un véritable système financier international. L'internationalisation a été vraiment permise lorsque tous les contrôles nationaux réglementant les changes et la sortie de capitaux ont été abrogés. Aujourd'hui, du fait des décalages horaires, la finance mondiale fonctionne 24 heures sur 24.

4 L'Asie : un nouveau centre de gravité pour l'économie mondiale

- Les NPI ou Nouveaux Pays Industrialisés désignent les pays dont la croissance économique est à un niveau élevé, autour de 5 % par an, contre 3% au mieux dans les PDEM. Parmi les NPI d'Asie, la Corée du Sud est celui dont le processus de développement est le plus précoce et le plus abouti (entrée de la Corée du Sud dans l'OCDE en 1996).
- À partir de 1973, l'industrie lourde coréenne se développe très rapidement, avec des taux d'investissements particulièrement élevés. La compétitivité repose sur des gains de productivité élevés qui s'accompagnent de coûts salariaux relativement bas par rapport à ceux des PDEM.
- Dans les années 1980, les revendications salariales se font plus pressantes. Cette évolution induit un recentrage de l'économie coréenne sur le marché intérieur, car l'augmentation du niveau de vie permet le passage à une consommation de masse.
- De 1950 à 1978, la croissance économique chinoise atteint la moyenne mondiale, et dépasse celle de nombreux pays en développement ; de 1978 à aujourd'hui, elle bat tous les records mondiaux.
- En décembre 1978, sous l'impulsion de Deng Xiaoping, le Comité central du parti communiste amorce la libéralisation économique.
- Dans la deuxième moitié des années 1980, les réformes gagnent en ampleur. En octobre 1984, le Comité central du Parti prône un système mixte où coexistent plan et marché.
- En janvier 1992, une nouvelle série de mesures est annoncée. le Comité central du Parti relance la réforme des entreprises d'État et prévoit la diversification des formes de propriété, tout en réaffirmant le rôle principal du secteur public.
- L'ouverture sur l'extérieur est également un élément essentiel des mutations subies par l'économie chinoise. Elle a un double objectif : attirer les capitaux étrangers et promouvoir les échanges extérieurs afin d'accélérer la croissance et la modernisation de l'économie.

Application

Les mécanismes de la reconstruction après 1945.

Corrigé

L'enjeu essentiel pour les économies européennes en 1945 est de se reconstruire mais la question reste posée de savoir si la reconstruction notamment doit se faire à l'identique. La réponse dépend évidemment du changement de contexte à l'issue de la Seconde Guerre mondiale. À ce titre, deux changements importants ont eu lieu. En premier lieu, l'État, depuis les années 1930 et comme toujours lors d'une période de reconstruction, occupe une place prépondérante. En second lieu, sur le plan international, les États-Unis dominent l'économie mondiale. Au regard de ces évolutions, on peut se demander si les mécanismes de reconstruction ont donné naissance à un nouveau cadre économique et social ?

La reconstruction après le conflit mondial est orchestrée et facilitée par la puissance américaine à travers notamment le plan Marshall qui permet aux économies européennes de se redresser rapidement. Cette influence des États-Unis se fait également ressentir avec la mise en œuvre de nouvelles institutions qui semblent donner à la reconstruction une forte coloration libérale (GATT, SMI) dans la mesure où l'objectif est de favoriser les échanges.

Toutefois, il semble difficile de considérer que les États-Unis imposent un modèle libéral. En effet, les Trente Glorieuses qui vont suivre sont également marquées par la domination des idées keynésiennes et la mise en place de politiques budgétaires actives mais aussi par la montée en puissance de l'État Providence qui se traduit par la construction d'un nouveau cadre social sensiblement éloigné des conceptions libérales quant à ses fondements.

Le circuit économique : acteurs et opérateurs

6

Principes clés

- Un agent économique, ou unité institutionnelle en comptabilité nationale, est un centre de décision économique indépendant (un ménage, une entreprise, une banque, une administration). En comptabilité nationale, les unités institutionnelles qui ont un comportement économique (ou fonction principale) semblable sont regroupées en secteurs institutionnels.
- Les agents économiques entretiennent entre eux des opérations économiques que l'on peut repérer par des flux économiques. Un flux économique est la variation d'une quantité de biens et services (flux réels) ou de monnaie (flux monétaires) enregistrée entre deux dates, et qui désigne une grandeur économique en mouvement, d'un agent économique vers un autre.
- Le repérage des flux économiques permet de mettre en évidence un circuit économique. Il s'agit d'une représentation simplifiée de l'activité économique, faisant apparaître la circulation des biens et de la monnaie entre les agents.

1 Les grandes catégories d'agents économiques

Les secteurs institutionnels de la comptabilité nationale

Secteur institutionnel	Fonction principale
• Sociétés financières	• Produire des services financiers
• Sociétés non financières	• Produire des biens et services marchands non financiers
• Institutions sans but lucratif au service des ménages	• Produire des services non marchands à partir de contributions volontaires des ménages
• Administrations publiques	• Produire des services non marchands à partir de contributions obligatoires
• Ménages (y.c entreprises individuelles)	• Consommer

2 Les opérations des agents économiques

- **Les opérations sur biens et services** : elles indiquent la provenance et la destination des biens et services. Dans une économie nationale, les biens et services rencontrés proviennent de la production nationale et des importations. Ces biens et services sont utilisés pour partie à la consommation, pour partie à l'investissement et pour partie à l'exportation.
- **Les opérations de répartition** : elles sont ainsi qualifiées car elles concernent la répartition des revenus créés entre les différents agents. Cette répartition des revenus prend différentes formes, de la rémunération du travail au dividendes en passant par les loyers et les intérêts. La comptabilité nationale distingue la formation des revenus primaires de la redistribution des revenus.
- **Les opérations financières** : elles recouvrent l'ensemble des relations entre agents à capacité de financement et agents à besoin de financement. Elles portent sur les créances et les dettes entre agents, et montrent comment les agents à besoin de financement ont couvert ce besoin et, symétriquement, comment les agents à capacité de financement ont employé cet excédent.
- **Les opérations avec l'extérieur** : elles indiquent l'ensemble des flux économiques entre les agents résidents sur le territoire économique et les agents non résidents appartenant au reste du monde. Les DOM sont considérés comme faisant partie du territoire économique, les TOM sont eux regroupés avec le reste du monde.

3 La représentation des opérations par le circuit économique

- L'équilibre emplois-ressources : en considérant le cas d'un bien, les quantités disponibles (ressources) sur le marché ne peuvent provenir que de la production (P) et des importations (M). Les utilisations possibles (emplois) de ce produit sont :
  - la consommation (C), des entreprises, des ménages ou des administrations ;
  - l'investissement (I) dans la mesure où le produit peut être acquis pour être utilisé pendant plus d'un an dans le cadre d'une activité de production ;
  - l'exportation (X) vers le reste du monde ;
  - la variation des stocks (dS) car le produit peut ne pas être totalement écoulé sur le marché et se retrouver dans les stocks des producteurs.

  Au total, l'égalité emplois-ressources donne :

$$P + M = C + I + X + dS.$$

• Marchés et circuit économique : un exemple à deux agents :

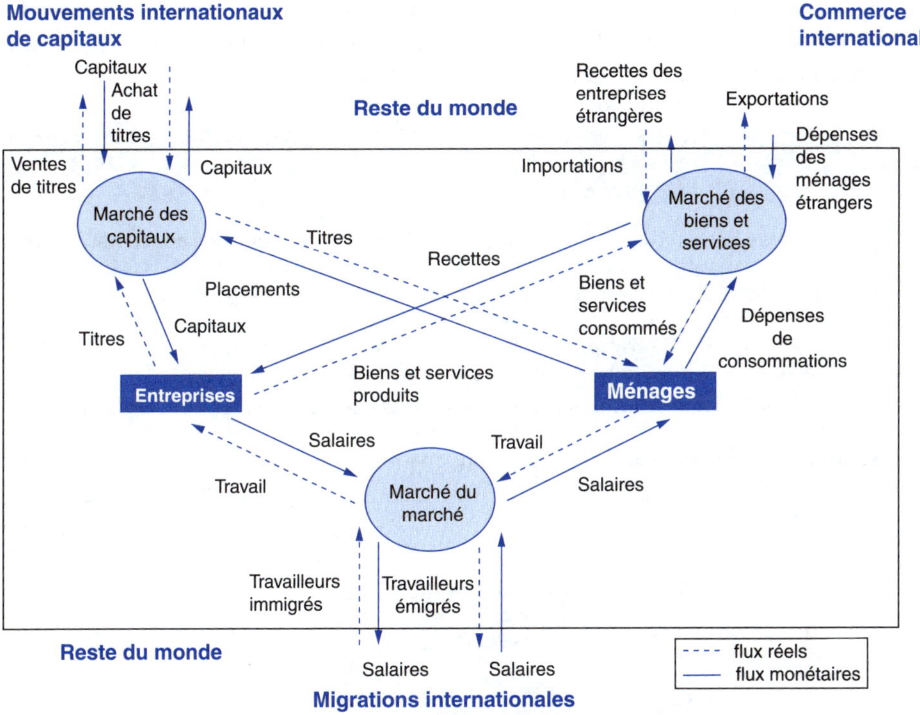

4 L'interprétation de l'équilibre emplois-ressources

• L'équilibre emplois-ressources des agents économiques est un équilibre entre la demande globale et l'offre globale sur le marché des biens et services :

Offre globale = Production nationale + Importations
Demande globale = Consommation + Investissement + Exportations

• On peut en déduire une nouvelle égalité :

Production nationale = Consommation + Investissement + (Exportations – Importations)

ou encore :

Production nationale = Dépense interne + Solde externe

• Lorsque la dépense interne est égale à la production nationale les échanges extérieurs sont en équilibre. Si la dépense interne est supérieure à la production nationale, cela signifie que l'économie nationale a dû s'approvisionner à l'extérieur pour compenser l'insuffisance de la production interne. Il en résulte un solde négatif des échanges extérieurs. Si la dépense interne est inférieure à la production nationale, l'économie dégage un excédent de production qu'elle peut consacrer à l'exportation. Il en résulte un solde positif des échanges extérieurs.

Application

Dans ce schéma très simplifié, on a retenu qu'un petit nombre d'opérations de répartition : les salaires (*a*), les impôts indirects et cotisations sociales collectés par les entreprises et versées aux administrations (*b*), les salaires versés par les administrations (*c*), les impôts indirects (*d*). Les flèches représentent des flux monétaires.
C = Consommation, P = Production, I = Investissement, M = Importations, X = Exportations, CF et BF = Capacité et Besoin de financement, G = Dépenses des administrations.

1. Écrire l'équilibre entre l'offre et la demande sur le marché des biens et services et sur le marché financier.

2. Écrire l'équilibre emplois-ressources pour chaque agent économique.

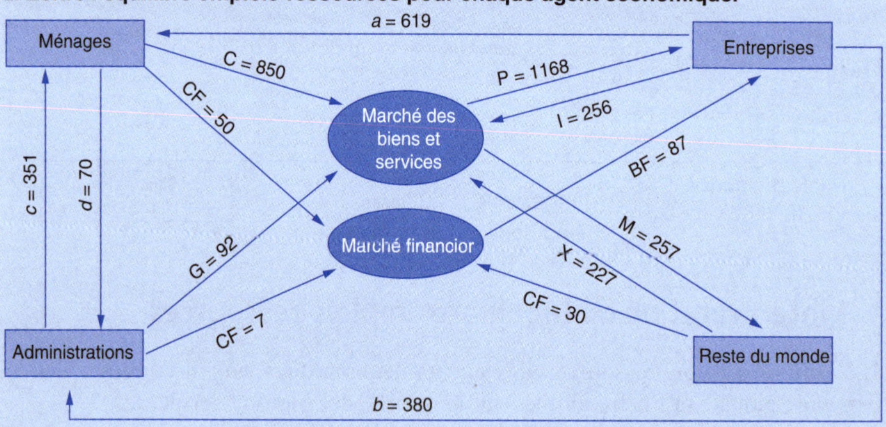

D'après Archambault E., *Comptabilité nationale*, Économica, 1979.

Corrigé

1. Sur le marché des biens et services :
- Offre = P + M = 1 168 + 257 = 1 425
- Demande = C + I + G + X = 850 + 256 + 92 + 227 = 1425

Sur le marché financier :
- Offre = CF = 50 + 30 + 7 = 87
- Demande = BF = 87

2. Pour les ménages : *a* + *c* = C + CF + d = 970
Pour les entreprises : P + BF = I + *a* + *b* = 1 255
Pour les administrations : *b* + *d* = *c* + G + CF = 450
Pour le reste du monde : M = X + CF = 257

La microéconomie du consommateur

7

Principes clés

- On suppose que le consommateur est un **être rationnel**, au sens où il cherche à maximiser sa satisfaction en procédant à une analyse coût-avantage-risque de toute décision à prendre.
- Le consommateur dispose d'un budget R qu'il décide d'allouer à la consommation de n biens dont les prix sont $p_1,\ldots\ldots, p_n$, en quantités $x_1,\ldots\ldots\ldots,x_n$. Dans une économie fictive où n'existe que deux biens sa **contrainte budgétaire** s'écrit :

$$R = p_1x_1 + p_2x_2.$$

- On distingue deux manières d'appréhender la satisfaction, ou utilité, du consommateur :
  - en vertu de **l'utilité cardinale**, on suppose que le consommateur est capable d'attribuer une note relative à la satisfaction qu'il éprouve (par exemple de 1 à 100) lorsqu'il consomme un panier de biens qui lui est présenté- il est alors aisé de classer ensuite ces paniers de biens par ordre de préférence ;
  - selon le principe de **l'utilité ordinale**, on considère que le consommateur n'est pas capable de donner une telle note mais qu'il sait classer tous les paniers de biens qui lui sont présentés, par **ordre de préférence** ; on peut alors attribuer une fonction mathématique à ce classement, ou **fonction d'utilité**, qui respecte sa **relation de préférence**, pour modéliser ensuite le processus de choix du consommateur – la théorie microéconomique du consommateur est construite sur le principe de l'utilité ordinale.
- **L'utilité marginale** correspond au supplément d'utilité que procure au consommateur la consommation d'une unité supplémentaire de bien. Elle est souvent considérée comme décroissante, dans la mesure où la satisfaction apportée par la dernière unité de bien consommée est sans cesse inférieure à celle qui la précède (Um1 et Um2 sont les utilités marginales des biens 1 et 2).

1 L'équilibre du consommateur

- On appelle équilibre du consommateur le choix auquel celui-ci procède en matière de consommation, compte tenu de sa contrainte budgétaire. On suppose que les préférences du consommateur sont modélisées par une fonction d'utilité $U = U(x_1, x_2)$.

On peut alors représenter graphiquement l'ensemble des paniers de biens (x_1, x_2) qui procurent au consommateur un même niveau d'utilité, c'est-à-dire entre lesquels il est indifférent. Cet ensemble est appelé **courbe d'indifférence**.

- Les courbes d'indifférences sont décroissantes, convexes et ne peuvent se couper. Il existe bien entendu autant de courbes d'indifférences que de niveaux d'utilité et, plus une courbe d'indifférence est éloignée de l'origine plus l'utilité que procure les paniers de biens qui se trouvent sur cette courbe est grande.

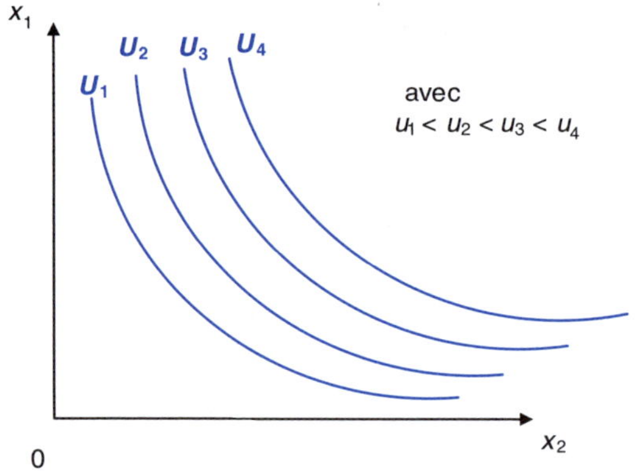

- On peut également représenter la contrainte budgétaire du consommateur, dans le cas d'une économie à deux biens : $R = p_1x_1 + p_2x_2$. Tous les points qui se situent sur la droite de budget correspondent à des paniers de biens (x_1, x_2) qui coûtent exactement R. Tous les paniers de biens qui se situent en deçà de la droite de budget sont accessibles au consommateur avec un budget R, tous ceux qui se trouvent au-delà ne le sont pas.
- Le consommateur va choisir un panier de biens situé sur la courbe d'indifférence la plus éloignée de l'origine (parce qu'elle correspond à un niveau d'utilité élevé) et qu'il peut acheter avec son budget R. Le choix optimal du consommateur est donc obtenu lorsque la droite de budget est tangente à la courbe d'indifférence.

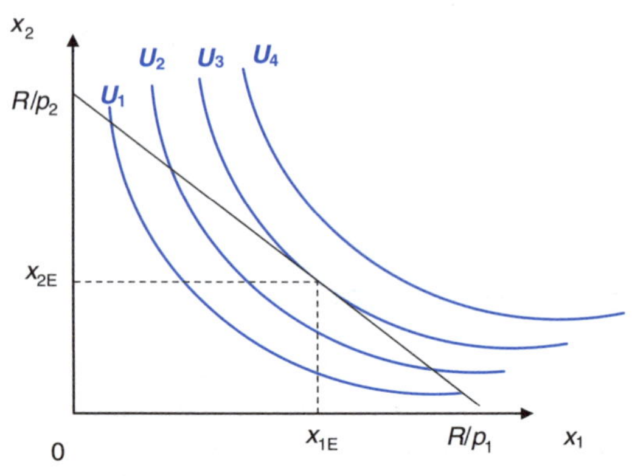

- Au point E correspondent des quantités de biens 1 et 2, x_{1E} et x_{2E}, qui maximisent l'utilité du consommateur sous contrainte de son budget. À l'optimum la pente de la droite de budget (p_1/p_2) est la même que celle de la tangente à la courbe d'indifférence (Um_1/Um_2) ce qui donne l'égalité :

$$\frac{Um_1}{Um_2} = \frac{p_1}{p_2}$$

Qui peut encore s'écrire : $Um_1/p_1 = Um_2/p_2$. Il s'agit de la loi de Gossen (1854) en vertu de laquelle, à l'optimum, le consommateur choisit un panier de biens tel que les utilités marginales des différents biens pondérées par leurs prix sont égales. Pour illustrer ce résultat, on peut imaginer que le consommateur dépense son budget euro par euro, en achetant d'abord le bien qui lui procure le plus d'utilité, le bien 1 par exemple. Si les utilités marginales sont décroissantes, l'utilité marginale du bien 1 rejoint l'utilité marginale du bien 2, et devient même inférieure pour 1 euro de plus dépensé en bien 1. Le consommateur dépense alors 1 euro de plus en bien 2 et ainsi de suite jusqu'à épuisement du budget.

2 La modification de l'équilibre du consommateur

- Le choix optimal du consommateur, i.e. sa demande des différents biens, peut être changé suite à une modification de son revenu. Toute hausse de revenu se caractérise par un déplacement de sa droite de budget parallèlement à elle-même.
  Les modifications des quantités consommées des biens i ($i = 1,2$) suite à une modification du revenu dépendent de l'élasticité de la consommation de bien i par rapport au revenu R, e_{iR} :

$$e_{iR} = \frac{dx_i}{x_i} \Big/ \frac{dR}{R}$$

Elle indique que la quantité consommée de bien i varie de e_{iR} % à chaque variation de 1 % du revenu du consommateur. On appelle bien normal, un bien dont l'élasticité de la consommation par rapport au revenu est comprise entre 0 et 1, bien inférieur un bien pour laquelle elle est inférieure à 1 et bien « de luxe » pour laquelle elle est supérieure à 1.

- Le choix optimal du consommateur est modifié selon la variation des prix. C'est alors la pente de la droite de budget qui devient plus ou moins forte selon que le rapport des prix p_1/p_2 baisse ou augmente.

- Cette modification des quantités consommées des biens i ($i = 1,2$) dépend de l'élasticité de la consommation de bien i par rapport au prix du bien i, e_{ii} :

$$e_{ii} = \frac{dx_i}{x_i} \Big/ \frac{dp_i}{p_i}$$

- On appelle bien ordinaire, un bien dont l'élasticité de la consommation par rapport au prix est négative, et bien de Giffen un bien pour laquelle elle est positive.
  Suite à une variation de prix, on peut décomposer en deux l'effet sur la quantité consommée :
  - un effet de substitution selon lequel, par exemple, la baisse du prix d'un bien conduit le consommateur à consommer plus de ce bien, relativement à d'autres biens qui apparaissent plus chers ;
  - un effet de revenu qui provient de ce que, par exemple, la baisse du prix d'un bien accroît le pouvoir d'achat du revenu du consommateur et peut lui permettre de consommer plus ou moins de ce bien selon qu'il est normal ou inférieur, mais également plus ou moins d'autres biens.

3 Le surplus du consommateur

- Une analyse normative permet de mesurer le bien-être du consommateur. En effet, pour toutes les unités achetées d'un bien, le consommateur paye un prix unique alors que ces unités ne lui procurent pas toutes le même degré de satisfaction (l'utilité marginale est décroissante). Aussi, le consommateur est prêt à payer plus cher les premières unités source de plus grande satisfaction. On appelle ainsi « prix de réserve » le prix qu'il est disposé à payer par unité : ce prix de réserve est décroissant avec l'augmentation des quantités consommées.
- Le surplus du consommateur correspond alors à la somme de la différence entre son prix de réserve et le prix qu'il paye effectivement (le prix d'équilibre du marché p^*) pour toutes les unités achetées. On peut le représenter donc à partir de la fonction de demande en bien i du consommateur.

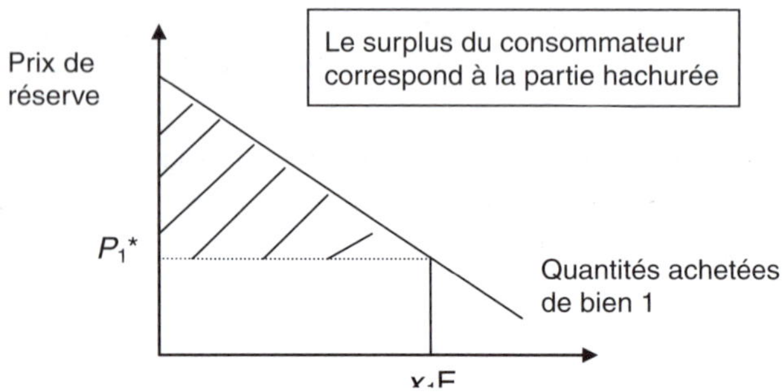

- On voit que si p_1^* diminue, le consommateur achète plus de biens 1 et son surplus augmente. Il est bien entendu possible de calculer, par analogie, un surplus des consommateurs à partir de la fonction de demande du marché du bien 1.

Application

Les préférences d'un consommateur sont représentées par une fonction d'utilité $u(x_1, x_2) = x_1x_2$.
Le consommateur dispose d'un budget de 100 euros pour acheter des biens 1 et 2 en quantité x_1 et x_2 sachant que les prix des biens sont $p_1 = 4$ et $P_2 = 10$.

Déterminer le choix optimal du consommateur.

Corrigé

La contrainte budgétaire s'écrit $100 = 4x_1+10x_2$ et devient $x_2 = -\frac{2}{5}x_1 + 10$.

Détermination du choix optimal du consommateur :

Celui-ci cherche à maximiser son utilité $u(x_1, x_2)$ sous la contrainte de son budget. En reportant l'expression de x_2 (contrainte budgétaire) dans la fonction d'utilité, on obtient une fonction à une seule variable : $u(x_1) = -\frac{2}{5}x_1^2 + 10x_1$ qui admet un maximum lorsque sa dérivée première s'annule.

On a alors, $u'(x_1) = 0 \Leftrightarrow -\frac{4}{5}x_1 + 10 = 0 \Leftrightarrow x_1 = 12{,}5$.

On en déduit x_2 d'après l'expression de la contrainte budgétaire. On trouve $x_2 = 5$.

Le choix optimal du consommateur est donc $(x_1^*; x_2^*) = (12{,}5 ; 5)$.

8 La microéconomie du producteur

Principes clés

- La **fonction de production** de l'entreprise est une fonction qui relie les quantités utilisées de facteurs de production aux quantités produites. Si l'on note P, le volume de la production, K le volume de capital utilisé, et L le volume de travail nécessaire, on peut écrire : $P = f(K, L)$.
- La fonction de production est aussi appelée **combinaison productive**, ou **technologie de l'entreprise**, en ce sens où elle représente toutes les combinaisons possibles de volumes de travail et de capital permettant d'obtenir un niveau de production donné.
- Le **coût de production**, ou **coût total**, correspond à la somme des dépenses rendues nécessaires par la production de l'ensemble des unités d'un bien au cours d'une période donnée.

1 La fonction de production

- **La fonction de production avec un facteur fixe** : supposons que, à court terme, la quantité de facteur capital soit fixe, et que le producteur ne puisse faire varier que la seule quantité de facteur travail. L'évolution des quantités produites en fonction du volume de facteur travail (nombre de travailleurs) serait, par exemple, la suivante :

Nombre de travailleurs (L)	0	1	2	3	4	5	6	7	8
Production (P)	0	16	48	68	80	88	92	94	94

Cet exemple tient compte des hypothèses du modèle néoclassique qui seront rappelées au fur et à mesure.

- La production moyenne (***PM***) : elle se définit par le rapport entre la production totale et la quantité de facteur travail utilisée, $PM = P/L$. Elle est encore appelée **productivité** car elle correspond à la production obtenue par unité de travail. Le calcul donne :

Nombre de travailleurs (L)	0	1	2	3	4	5	6	7	8
Production moyenne (PM)	0	16	24	22,7	20	17,6	15,3	13,4	11,8

On remarque que la production moyenne croît jusqu'à un maximum puis décroît.

- **La productivité marginale *Pm*** : elle correspond au supplément de production obtenu grâce à l'utilisation d'une unité supplémentaire de facteur (ici le travail), $Pm = \Delta P/\Delta L$. Le calcul donne :

Nombre de travailleurs (*L*)	0	1	2	3	4	5	6	7	8
Production marginale (*Pm*)	/	16	32	20	12	8	4	2	0

Les auteurs néoclassiques parlent de productivité marginale décroissante, bien que celle-ci soit dans un premier temps croissante. Ce phénomène illustre le fait que la production due à la dernière unité de facteur est de moins en moins importante jusqu'a devenir nulle (malgré la multiplication du nombre de tracteurs et d'engrais, une terre ne pourra donner une récolte sans cesse croissante, l'embauche de personnes supplémentaires ne pourra faire augmenter la production si le nombre de machines est identique, etc.).

Les courbes de production

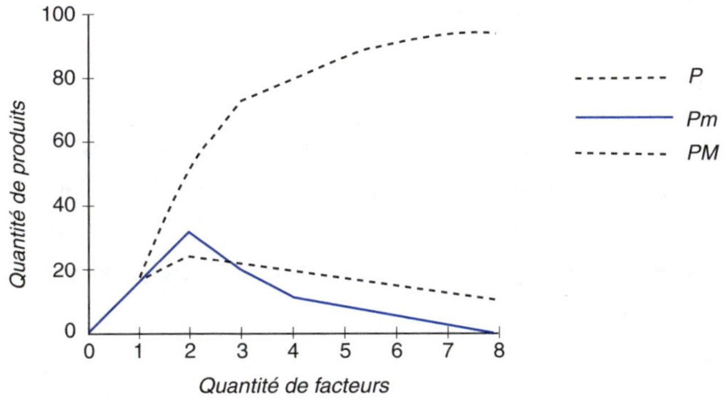

Au total, on peut dire que la production totale n'augmente pas proportionnellement à la quantité de facteur utilisée. En outre, elle n'augmente que tant que la productivité marginale est positive (on peut même imaginer une productivité marginale négative s'il y a trop de travailleurs qui finissent par se gêner). La combinaison la plus efficace se trouve au point où la productivité moyenne est maximale (2 employés, compte tenu du capital donné, produisent chacun 24 unités). Tant que la productivité marginale est supérieure à la productivité moyenne celle-ci augmente. Lorsque la productivité marginale devient inférieure à la productivité moyenne, cette dernière diminue. Toutefois, l'entreprise peut choisir de produire plus pour des raisons stratégiques (au-delà de 48 unités) mais en acceptant une moindre productivité moyenne.

- **La fonction de production à facteurs substituables** : elle permet de modifier la combinaison productive dans la mesure où les deux facteurs sont variables. C'est une fonction de production de long terme qui permet de faire varier le volume de capital, en sus du travail, et le volume de la production. On peut ainsi obtenir plusieurs niveaux de production (**isoquantes**) et, pour chacun d'eux, plusieurs combinaisons de facteurs travail et capital sont possibles. On mesure l'intensité capitalistique d'une combinaison par le **coefficient de capital = *K*/*P***.

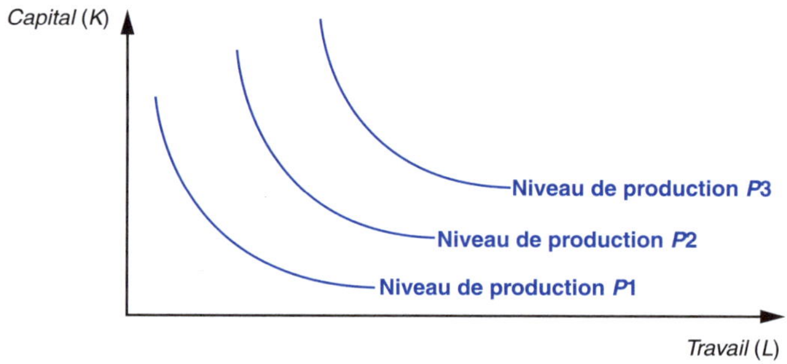

2 Les coûts de production

- **Les différents types de coûts** : on distingue tout d'abord les **coûts fixes**, qui sont indépendants des quantités produites (amortissement, etc.) et les **coûts variables** qui évoluent avec le volume de la production (matières premières, etc.). La somme des coûts fixes et des coûts variables donne le coût total. Remarquons que les coûts variables peuvent être proportionnels ou non proportionnels aux quantités produites.
- **Le calcul des coûts** : on suppose qu'une entreprise doit supporter les coûts suivants pour une production P :

Production (*P*)	1	2	3	4	5	6
Coûts fixes (*CF*)	200	200	200	200	200	200
Coûts variables (*CV*)	80	140	180	260	400	600
Coût total (*CT*)	280	340	380	460	600	800

On a : $CT = CF + CV$

- Le coût moyen (***CM***) : il correspond au coût par unité produite, $CM = CT/P$.
- Le coût marginal (***Cm***) : il s'agit du coût de la dernière unité produite, $Cm = \Delta CT/\Delta P$. Les calculs donnent pour CM et Cm :

Production (*P*)	1	2	3	4	5	6
Coûts moyen (*CM*)	280	170	127	115	120	134
Coût marginal (*Cm*)	/	60	40	80	140	200

On constate que la courbe du coût marginal coupe celle du coût moyen en son minimum. Or, une entreprise continuera à produire une unité supplémentaire jusqu'à ce que le coût de cette unité (coût marginal) soit égale au prix sur le marché se situe en deçà du coût moyen (coût par unité produite), le profit de l'entreprise est négatif (prix de vente = *Cm* < *CM*). On peut en déduire que la courbe de coût marginal qui se trouve au-dessus 50 du minimum du coût moyen constitue la **fonction d'offre** de l'entreprise, en fonction du prix du marché.

Coût moyen et coût marginal

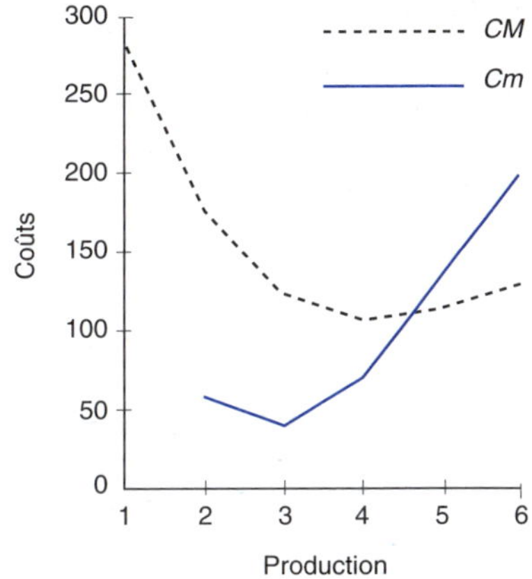

3 Les économies d'échelle

- Les économies d'échelle sont des économies réalisées par l'entreprise au fur et à mesure que l'on « grimpe » l'échelle de la production. On parle donc d'économies d'échelle lorsque le coût unitaire de production (coût moyen) diminue avec l'augmentation des quantités produites.
- Les économies d'échelles s'expliquent par une meilleure répartition des coûts fixes sur une plus grande quantité produite, par les réductions que l'entreprise obtient sur des achats en plus grands nombre, etc.

Application

À partir des données précédentes, calculer le coût fixe moyen *(CFM)*, *CFM = CF/P*. Qu'observe-t-on ?

Corrigé

(P)	1	2	3	4	5	6
(CF)	200	200	200	200	200	200
(CFM)	200	100	66	50	40	33

La diminution du coût fixe moyen illustre le phénomène des économies d'échelle. Plus les quantités produites augmentent, plus la part des coûts fixes dans le coût moyen diminue.

9 Marché et formation des prix

Principes clés

- **Le marché** est le lieu de rencontre réel ou fictif entre l'offre et la demande. Il se caractérise par la manière dont s'opère cette rencontre entre l'offre et la demande, pour aboutir à une quantité échangée et à un prix.
- On distingue trois catégories de marché. Le **marché des biens et services** où se confrontent l'offre et la demande de produits, le **marché du travail** où s'échange la force de travail, le **marché des capitaux**.
- Le **marché des capitaux** comprend trois compartiments qui sont : le marché des changes, le marché monétaire et le marché financier.

1 Les différents types de marché

- Le tableau de Stackelberg montre les différentes situations de marché que l'on peut rencontrer, en fonction du nombre d'offreurs et de demandeurs :

Offreurs / Demandeurs	Un	Quelques-uns	Multitudes
Un	Monopole bilatéral	Monopsone contrarié	Monopsone
Quelques-uns	Monopole contrarié	Oligopole bilatéral	Oligopsone
Multitudes	Monopole	Oligopole	Concurrence pure et parfaite

- **La concurrence pure et parfaite** est une situation de marché, dénommées par les néo-classiques, qui se rencontre lorsque les cinq conditions suivantes sont réunies :
  - l'**atomicité de l'offre et de la demande** : il existe une multitude d'offreurs et de demandeurs, de telle sorte qu'aucun (comparable à un atome face à l'ensemble) ne puisse influencer le marché ;
  - la **fluidité du marché** : il n'existe pas de restrictions à l'entrée du marché, ainsi la concurrence n'est pas figée ;
  - la **transparence du marché** : tous les acteurs du marché bénéficient d'une information parfaite sur les conditions du marché (en particulier les prix) ;

- l'**homogénéité du produit** : les produits échangés sur le marché sont identiques de telle sorte que la concurrence ne peut porter que sur le prix ;
- la **mobilité des facteurs de production** : les facteurs de productions peuvent se déplacer, de manière à ce que chaque entreprise puisse profiter des mêmes conditions de production.

- La **concurrence imparfaite** se rencontre à chaque fois qu'une condition de la concurrence pure et parfaite n'est pas vérifiée. On peut donc dire que la concurrence imparfaite constitue la règle dans la réalité, alors que la concurrence parfaite est l'exception. Ainsi, en France par exemple, la part des quatre premières entreprises dans la production de pétrole, la distribution d'électricité, la distribution de gaz dépasse les 90 %. Dans la production automobile, cette part est de 60 %. En somme, la concurrence imparfaite s'illustre par une forte **concentration économique**.

2 La formation des prix en concurrence pure et parfaite

- **Le prix est l'expression monétaire de la valeur d'échange** : ainsi, le prix des biens et services dépend de la quantité nécessaire à leur fabrication (**valeur travail**), mais aussi de l'utilité que procure le bien acquis (la valeur est fonction de l'**utilité marginale**) et de la rareté (plus un bien est rare plus il est cher).
- **La loi de l'offre et de la demande** illustre le mécanisme de formation des prix en concurrence pure et parfaite. L'offreur cherche à maximiser son profit et le demandeur souhaite maximiser son utilité. Ainsi, plus le prix est élevé plus les quantités offertes seront importantes, moins les quantités demandées apparaîtront élevées. Le mécanisme joue également en sens inverse : plus les quantités demandées sont élevées, plus le prix augmentera puisque les demandeurs surenchérissent pour s'accaparer l'offre disponible. En outre, plus les quantités offertes s'élèvent, plus le prix a de chance de diminuer, puisque les offreurs rivalisent pour attirer vers eux la demande. Dans le modèle néoclassique, le prix constitue une donnée pour l'entreprise.

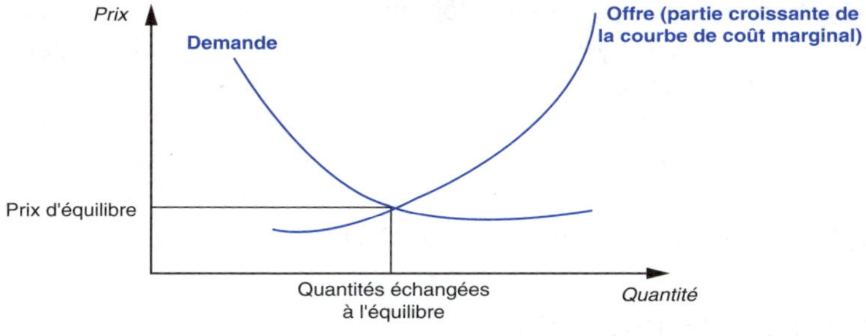

- **L'équilibre du marché** survient lorsque les entreprises n'ont plus intérêt à baisser leurs prix. Ce prix d'équilibre, pour la firme, est atteint quand le profit qui résulte de la dernière unité vendue est nul, c'est-à-dire lorsque le prix de vente sur le marché est égal au **coût marginal**.

3 La formation des prix en concurrence imparfaite

- **En situation de monopole** l'entreprise fixe elle-même le prix du marché qui n'est donc plus une donnée pour elle, mais une variable (l'entreprise est « faiseur de prix »). Elle va fixer son prix de manière à maximiser son profit. Ce dernier est en effet soumis à deux effets contraires : un effet prix (la hausse du prix permet d'augmenter les recettes), et un effet quantité (la hausse du prix va diminuer les quantités demandées selon la courbe de demande du marché). En outre, en situation de monopole, il n'est pas toujours intéressant pour l'entreprise d'augmenter trop fortement ses prix. En effet, un monopole est souvent temporaire et limité. Des prix trop élevés, et des profits en conséquences, vont susciter l'intérêt de nouveaux concurrents qui souhaiteront entrer sur le marché. En produisant en grande quantité, le monopoleur pourra réduire ses coûts unitaires, ce qui rendra l'accès au marché plus difficile tant les investissements devront être importants pour rivaliser avec le monopoleur sur les coûts. Ainsi, l'entreprise optera pour une politique de prix modérée, de manière à décourager les éventuels nouveaux arrivants.
- **La concurrence monopolistique et les situations d'oligopole** sont plus souvent la règle dans la réalité que les situations de concurrence pure et parfaite ou encore de monopole. Sur un marché d'oligopole, une lutte des prix entre les entreprises peut conduire à la disparition de certaines d'entre elles. En effet, lorsque le produit est strictement homogène, les consommateurs choisissent le prix le moins cher. Toutefois, il n'est pas forcément de l'intérêt des entreprises de s'affronter de la sorte. Celles-ci peuvent adopter une politique de **différenciation du produit** (dessin, emballage, image de marque, etc.) qui leur permet de figer une clientèle, et de sortir de la logique d'affrontement par les prix. Le produit est alors considéré comme unique par les demandeurs, l'entreprise se trouve en situation de concurrence monopolistique. On parle également d'**oligopole différencié**.
- **La fixation des prix dans l'entreprise** : en réalité, l'entreprise tient compte de ses coûts de production et du **prix psychologique** accepté par les consommateurs après une étude de marché. De plus, l'**élasticité de la demande par rapport au prix** doit être considérée (rapport entre la variation relative de la demande et la variation relative du prix). Il existe en effet des biens dits inélastiques, c'est-à-dire des biens pour lesquels une variation du prix n'entraîne pas de variation significative de la demande (pain, sucre, café, tabac, essence, etc.). En outre, le prix doit tenir compte de la réglementation en vigueur : vente à perte, prix unique du livre, etc.

4 Les marchés contestables

- La notion de « marché contestable » résulte des études des économistes Baumol, Panzar et Willig (1982). Selon eux, la concurrence n'est pas liée au nombre d'offreurs et de demandeurs sur un marché, mais à la possibilité d'entrée et de sortie du marché. Ainsi, sur un marché contestable, même un nombre réduit d'offreurs conduiraient ceux-ci à se comporter comme s'ils étaient en situation de concurrence, ce qui permet d'éviter des hausses démesurées de prix.

- Un marché contestable est un marché sur lequel l'entrée est libre, c'est-à-dire que de nouveaux concurrents peuvent chercher à s'accaparer les profits qui y sont réalisés (possibilité de contester la situation actuelle du marché). Cependant, la sortie du marché doit elle aussi être libre pour que celui-ci soit qualifié de contestable. Une sortie libre du marché signifie que l'entreprise peut se retirer de la concurrence sans pertes dommageables (les coûts supportés à la sortie doivent demeurer restreints sinon aucune entreprise ne prendrait le risque d'entrée sur le marché). Entrée et sorties sont donc liées.
- C'est la déréglementation qui a rendu contestables des marchés qui étaient jusque-là en situation de monopole. On pense notamment aux transports aériens qui étaient pour la plupart le résultat d'accords bilatéraux entre compagnies de pays reliés par une ligne aérienne. Désormais, les lignes aériennes européennes peuvent être « contestées » par l'ensemble des compagnies aériennes, sans que celles-ci soient de la nationalité du pays de départ ou du pays d'arrivée de la ligne. L'entrée sur la ligne (Paris-Nice) est libre et la sortie peu coûteuse (les avions qui y étaient consacrés peuvent être affectés à d'autres lignes).

Application

Le calcul du prix en situation de monopole

Une entreprise en situation de monopole a pu établir une relation entre le prix de vente de son produit et les quantités demandées par ses clients :

Quantités demandées	Prix de vente unitaire	Coût total	Recettes totales	Bénéfices
2	4 599	3 130	9 198	6 068
3	4 399	5 320	13 197	7 877
4	4 199	8 110	16 796	8 686
5	3 999	11 670	19 995	8 325
6	3 799	16 330	22 794	6 464

1. Quel prix unitaire choisira le monopoleur ? Pourquoi ?
2. Pourquoi le monopoleur pourrait-il être amené à choisir un prix plus faible ?

Corrigé

1. Prix choisi : 4 199, car il correspond à une maximisation des bénéfices.
2. Pour éviter l'arrivée de nouveaux concurrents sur le marché.

10 La répartition primaire des revenus

Principes clés

- L'activité économique conduit à la création de richesse. La répartition primaire correspond au **partage de cette richesse** entre les agents. Les bénéficiaires en sont tous ceux qui, par le travail fourni ou le capital investi, ont participé à la production. La répartition est donc consécutive à la production, mais elle en est également à l'origine, puisque les agents utilisent leurs revenus pour consommer et investir.
- Deux approches de la répartition peuvent être distinguées : la **répartition fonctionnelle**, par type de revenu, qui oppose par exemple les salaires, les intérêts, les dividendes, et la **répartition sociale**, entre les différentes catégories d'agents : ménages entreprises, administrations.
- Les salaires ne sont pas les seuls revenus des ménages, qui peuvent aussi bénéficier de loyers, d'intérêts, de dividendes. Le **revenu primaire des ménages** inclut l'ensemble des revenus tirés de leur contribution à l'activité économique, soit directement (revenus d'activité salariée ou non salariée), soit indirectement (revenus de placements mobiliers et immobiliers).

1 L'origine des revenus

- Le revenu **national** est l'ensemble des revenus primaires des agents économiques. Il est possible de l'obtenir à partir du PIB, qui mesure la création de richesses nouvelles, source de distribution des revenus. Le PIB comprend trois grandes composantes : la rémunération des salariés (salaire et charges sociales), l'excédent brut d'exploitation, et des impôts (TVA grevant les produits, impôts sur la production, droits de douane). Le **revenu national brut** mesure la totalité des revenus primaires des ménages, des sociétés et des administrations.
- Les ménages tirent leur revenu primaire de la rémunération des salariés, mais aussi de l'excédent brut d'exploitation (EBE des entreprises individuelles, rémunération de capitaux apportés aux sociétés). Parmi les différentes catégories de revenus primaires perçus par les ménages, certains sont des **revenus d'activité** (salaires, honoraires, bénéfices d'entreprises individuelles), d'autres rémunèrent la **propriété** (intérêts, dividendes, loyers). Les revenus salariaux représentent plus de 70 % des revenus primaires des ménages.

- Le revenu primaire des sociétés est constitué de la partie de l'EBE représentant les **bénéfices non distribués**. Ils sont généralement destinés à accroître le stock de capital (autofinancement des investissements). Ils sont à rapprocher des revenus de la propriété puisqu'ils contribuent à augmenter la valeur des sociétés, donc les possibilités de plus-values de leur propriétaires.
- Le revenu primaire des administrations est constitué de l'excédent brut d'exploitation des administrations (parfois négatif) et des prélèvements effectués au stade de la production qui, additionnés aux autres prélèvements, permettent de produire les services non marchands et d'assurer la redistribution.

Schéma général de la répartition primaire

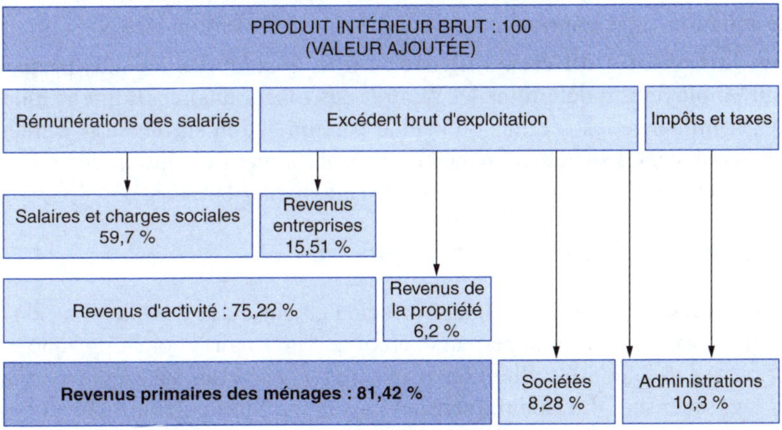

- La répartition primaire s'effectue à 81,42 % à destination des ménages, contre 8,28 % pour les sociétés et 10,3 % pour les administrations.
- Le **revenu national disponible brut** ne prend en compte que les revenus effectivement disponibles sur le territoire national, il s'obtient en retranchant le solde des transferts avec le reste du monde. Le **revenu national net** élimine la consommation de capital fixe, qui correspond à une diminution de richesses disponibles.

2 La formation des revenus

- **L'analyse néoclassique** considère que chaque facteur de production, le travail comme le capital, est rémunéré selon sa **productivité marginale**. La loi de l'offre et de la demande s'applique sur le marché du travail comme sur tout autre marché et le salaire se détermine alors à l'intersection d'une courbe d'offre croissante, issue des préférences des actifs, et d'une courbe de demande décroissante, du fait de la décroissance de la productivité du travail. **Les salaires sont flexibles** et leur variation doit permettre l'ajustement entre l'offre et la demande sur le marché.

- **Pour Keynes**, la répartition des revenus reflète des capacités de pression et de négociation différentes. Les salaires, essentiellement déterminés par la négociation collective, sont rigides à la baisse et n'influencent pas le niveau d'emploi issu des anticipations des entrepreneurs.
- **Dans la pratique**, le partage de la valeur ajoutée entre salaires et profit dépend des négociations salariales entre syndicats et patronat et débouche sur l'élaboration de conventions collectives. Cependant, la tendance récente privilégie l'**individualisation salariale**, c'est-à-dire la prise en compte des qualités personnelles du salarié dans la fixation et l'évolution du salaire. En outre, depuis le milieu des années quatre-vingt, une politique de **désindexation des salaires sur les prix** a été mise en place. Cette rigueur salariale constitue un des éléments d'une politique plus générale de désinflation, de restauration de la compétitivité des entreprises.
- **L'État intervient à différents niveaux** sur la fixation des revenus primaires. En tant qu'employeur, il détermine les salaires des fonctionnaires. Il fixe le montant du SMIC. Il influence les revenus du capital par son action sur les taux d'intérêt, son intervention sur les marchés financiers. Il conditionne l'évolution des revenus non salariaux à travers sa politique agricole, fiscale, redistributive.

3 Les inégalités de la répartition

- **Les inégalités salariales** dépendent principalement de la qualification, du sexe et de l'âge. Ainsi, les cadres supérieurs perçoivent un salaire moyen presque trois fois supérieur à celui des 1,6 million de « smicards » (11 % des salariés) payés au minimum légal mensuel. Le salaire mensuel moyen est lui-même une fois et demi plus élevé que le SMIC mensuel. Même si elles semblent se réduire à long terme, ces inégalités ont tendance à s'accroître sur la période récente. La pratique de l'individualisation, la rigueur salariale, la faible progression du SMIC alimentent la montée des inégalités.
- **Dans le travail indépendant**, les inégalités de revenus primaires sont encore beaucoup plus fortes. Cette catégorie regroupe en effet des agriculteurs, des professions libérales, des commerçant et des artisans dont les revenus ont évolué de façon divergente selon les secteurs et les situations.
- **Les inégalités de revenus du capital** dépendent largement des inégalités patrimoniales (10 % des ménages possèdent plus de la moitié du patrimoine). De plus, la rémunération des gros patrimoines est plus importante que celle des petits, qui se limite souvent à la propriété de la résidence principale.

4 La formation des salaires dans les nouvelles approches du marché du travail

De nouvelles approches du marché du travail permettent de comprendre pourquoi le mode de fixation des rémunérations font coexister un taux de chômage important et une rigidité des salaires à la baisse alors que, selon la théorie néoclassique, la baisse des salaires devrait permettre l'ajustement entre l'offre et la demande.

- **La théorie de la segmentation** propose une vision du marché du travail dans laquelle différents types de régulation sont à l'œuvre ; des marchés externes, fonctionnant sur un schéma néoclassique concurrentiel, des marchés internes à l'intérieur desquels la rémunération et l'allocation du travail sont régis par des procédures administratives.
- **Selon la théorie des contrats implicites**, les salariés s'« assurent » contre les risques économiques en acceptant, dans des contrats plus ou moins implicites, une rémunération indépendante de la conjoncture. En période de forte activité, les salariés payent une « prime d'assurance » et touchent une « indemnité » en période de faible activité.
- **La théorie du salaire d'efficience** pose le principe d'une relation croissante entre le salaire et la productivité des salariés. Le calcul de maximisation des employeurs peut les amener à payer les salariés au-dessus du niveau concurrentiel.
- **Le modèle « *insiders-outsiders* »** fait une distinction entre les salariés en place dans les entreprises (les insiders), qui disposent d'une protection (information, coût du recrutement, de la formation), et ceux qui veulent entrer (outsiders). L'employeur peut avoir intérêt à maintenir les salaires des insiders à un niveau supérieur au salaire concurrentiel.

Application

Dans quelle mesure l'État intervient-il dans la répartition primaire ?

Corrigé

Dans la pratique, l'État intervient dans la fixation des revenus primaires :

- il détermine les traitements des fonctionnaires ;
- il fixe le niveau du salaire minimum interprofessionnel de croissance (SMIC) ce qui induit des effets en cascade dans la hiérarchie des revenus dans les entreprises, puisque certains salariés non payés au SMIC sont rattrapés par ceux qui bénéficient d'une revalorisation du SMIC ;
- il influence les revenus du capital par son action sur les taux d'intérêt (on pense notamment aux actions de la Banque centrale européenne), et la fiscalité (diminution du taux d'impôts sur les sociétés).

11 La redistribution des revenus

Principes clés

- La **redistribution modifie la répartition primaire des revenus**. En effet, les ménages doivent payer des impôts et des cotisations sociales ; ils reçoivent des prestations sociales. Le **revenu disponible des ménages** désigne les sommes que les ménages peuvent affecter à la consommation ou à l'épargne après la redistribution.

	En %	En milliards d'euros
Revenu primaire brut (2014)	**100,0**	**1 544,9**
– Transferts nets de redistribution	**– 13,1**	**– 202,6**
Prestations sociales reçues	30,3	468,1
Cotisations sociales versées	– 29,6	– 457,4
Impôts sur le revenu et le patrimoine	– 13,6	– 210,2
Autres transferts courants	– 0,2	– 3,1
= Revenu disponible brut	**86,9**	**1 342,3**

Source : INSEE 2015, comptes nationaux – base 2010.

- Deux grandes catégories d'acteurs économiques et sociaux interviennent dans la redistribution : les **administrations publiques** (État et collectivités locales), qui prélèvent des impôts pour financer la production de services non marchands, les **organismes de protection sociale**, qui prélèvent des cotisations et versent des prestations.

1 Le système redistributif et son évolution

- Le système redistributif vise plusieurs objectifs :
  - fournir à tous les services collectifs (éducation, justice…) ;
  - corriger les inégalités de revenus ;
  - fournir une assurance sociale contre les risques (maladie, chômage, vieillesse).
- On peut distinguer la redistribution horizontale, qui vise à maintenir les ressources des individus frappés par des risques sociaux sans considération du revenu, et la redistribution verticale, qui cherche à réduire les inégalités sur l'échelle des revenus.
- La redistribution n'a cessé de s'étendre, surtout depuis la généralisation des mécanismes de protection sociale à partir de 1945. Cette évolution traduit la montée de

l'**État providence**, qui absorbe une part croissante des revenus. Actuellement, plus d'un tiers du PIB change de main du fait de la redistribution, et un tiers du revenu disponible en provient. La crise économique a conduit les revenus de transfert à progresser plus vite que la richesse nationale. La ponction sur des revenus primaires en a donc été d'autant plus forte.

- Diverses interprétations théoriques sont faites de la justification économique de la redistribution. Pour le courant **néoclassique**, le marché peut produire des services sociaux plus efficacement que la tutelle étatique. En outre, les prestations et les prélèvements ont des effets pervers sur l'activité économique car ils modifient le résultat des préférences individuelles (préférence pour l'indemnité, oisiveté). **Keynes** montre que toute action en faveur de la demande globale est favorable à l'activité. Or la redistribution vise à accroître les ressources des plus modestes, qui ont la propension à consommer la plus forte. On peut aussi interpréter cette montée comme une conséquence naturelle de l'enrichissement de la société, permettant de satisfaire des besoins de plus en plus évolués.

2 L'organisation et le financement de la redistribution

- **La redistribution passe en France par deux grandes voies** : le budget de l'État et des collectivités locales d'une part, et les organismes de protection sociale d'autre part.
- **La fiscalité**, issue chaque année de la loi de finances, intervient à différents niveaux dans la redistribution :
  - les impôts sont affectés au financement des services non marchands,
  - les impôts progressifs permettent une contribution redistributive,
  - le budget de l'État subventionne les régimes de protection sociale.

  Sa structure fait apparaître une forte prédominance des impôts indirects (taxe sur la valeur ajoutée, taxe intérieure sur les produits pétroliers…)
- **La protection sociale** est financée par des cotisations, prélevées obligatoirement et assises sur les salaires. Une part est à la charge des employeurs, une autre à la charge des salariés. Des organismes paritaires (gérés conjointement par les organisations syndicales et patronales) sont à la tête des différentes caisses. Cependant, depuis 1995, l'État peut officiellement orienter les recettes et les dépenses par le vote d'une loi au Parlement.

3 L'efficacité de la redistribution

- L'**effet de la redistribution n'est pas à la hauteur des sommes en jeu** : les études montrent que si la redistribution horizontale joue son rôle, la redistribution verticale ne réduit que très peu les inégalités.

Plusieurs raisons peuvent l'expliquer :
- la montée des prélèvements proportionnels (TVA, CSG, CRDS, impôts locaux) au détriment de l'impôt progressif sur le revenu ;
- l'importance des prélèvements sur les revenus du travail (seule source de revenu pour les ménages modestes) et la faiblesse des prélèvements sur les revenus de la propriété ;
- le calcul de certaines prestations en fonction du revenu (retraites, indemnités chômage) ;
- le recours plus large des classes aisées aux revenus de transfert (retraite plus longue, dépenses médicales plus élevées…) et aux services non marchands (système éducatif).

- **L'efficacité macro-économique de la redistribution est controversée** : pour certains, elle est un facteur de croissance qui permet d'amortir les effets de la crise en jouant un rôle « contracyclique ». Pour d'autres au contraire, la redistribution pèse sur le coût du travail, rigidifie le marché du travail, contribue à augmenter le chômage. En outre, les efforts de réduction des déficits budgétaires et sociaux menés en période de récession économique ont un effet « procyclique » d'aggravation du ralentissement.

4 La courbe de Laffer

- L'économiste américain Arthur Laffer analyse la relation entre le taux d'imposition et les recettes fiscales. Pour lui, cette relation prend la forme d'une courbe en cloche :

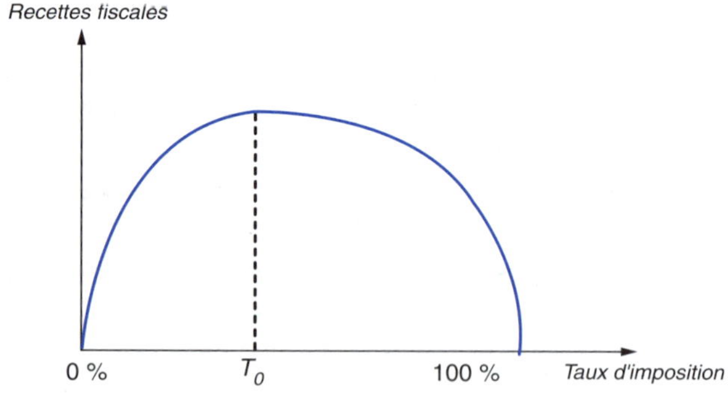

- Dans un premier temps, les recettes augmentent avec le taux d'imposition. Mais, à partir du seuil T_0 (inférieur à 50 %), les recettes fiscales diminuent du fait du découragement des individus qui préfèrent alors augmenter leurs loisirs plutôt que leur revenus et leurs investissements. La production est alors ralentie du fait de l'excès de pression fiscale.

- Cette courbe a été à la base des politiques fiscales libérales mises en œuvre dans les années quatre-vingt dans de nombreux pays, particulièrement aux États-Unis et au Royaume-Uni.

Application

En quoi le système redistributif est-il en crise ?

Corrigé

Le système redistributif opère des prélèvements sur les revenus primaires et fournit des revenus de transfert et des services collectifs aux ménages. On peut lui assigner différents objectifs : redistribution horizontale et verticale, efficacité dans la production de services non marchands, soutien à l'activité économique. Or ce système est régulièrement remis en cause pour son incapacité à atteindre ses objectifs. Trois types de crises le concernent : une évidente crise de financement, une crise d'efficacité et une crise de légitimité.

- Le système redistributif fait face à une importante **crise de financement**. Les budgets publics subissent un effet de ciseaux : les dépenses augmentent alors que les recettes ont tendance à stagner, ce qui entraîne d'importants déficits. Les dépenses budgétaires, comme les dépenses sociales augmentent régulièrement depuis de nombreuses années sous l'influence de multiples facteurs : augmentation du chômage, élargissement du système éducatif, vieillissement de la population, pression des acteurs économiques et sociaux, montée de la pauvreté et de la précarité… Face à cette augmentation, les recettes stagnent. La plupart d'entre elles sont basées sur l'activité économique : impôts sur les bénéfices des sociétés, sur le revenu des ménages, taxe sur la valeur ajoutée. Elles stagnent donc quand l'activité faiblit. Par conséquent, les déficits augmentent depuis le début des années quatre-vingt-dix. Les ajustements ponctuels, qui prennent la forme de hausse des prélèvements et de diminution des prestations, ne résolvent que très temporairement le problème.
- Au-delà des problèmes financiers, le système redistributif semble faire face à une **crise d'efficacité**. Son effet redistributif est strictement limité à la redistribution « horizontale », c'est-à-dire au maintien de ressources pour les personnes touchées par les risques sociaux : des bien-portants vers les malades, des actifs occupés vers les chômeurs, des actifs vers les retraités. En revanche, l'objectif de redistribution « verticale », qui réduit les inégalités sur l'échelle des revenus, est très faiblement atteint, à la fois du fait de prélèvements peu progressifs et de prestations versées inégalitairement.
- Enfin, la redistribution est attaquée dans sa **légitimité** par le courant libéral, qui préconise une remise en cause du système. En effet, les prélèvements seraient à l'origine de nombreux dysfonctionnements (dissuasion à l'embauche et à l'investissement, atteinte à la liberté individuelle, découragement au travail…). Le système actuel serait donc nuisible à la performance économique.

12 La consommation des ménages

1. Les comportements de consommation
2. L'étude de la consommation globale
3. La structure de la consommation
4. La montée des consommations collectives

Principes clés

- La consommation est l'opération économique consistant à acquérir des biens destinés à être détruits immédiatement ou progressivement à travers leur utilisation. Si l'acquisition est destinée à satisfaire directement les besoins d'un ménage, on parle de **consommation finale** ; lorsque le bien disparaît dans le processus de production d'un autre, il s'agit de **consommation intermédiaire**.
- La consommation finale correspond d'abord à un **comportement individuel** des ménages. Mais, au niveau global, elle constitue, en tant que composante principale de la demande, une variable **macro-économique** prépondérante.
- La consommation dépasse largement le champ strictement économique. Les choix individuels font intervenir des critères psychologiques, sociaux, culturels… Au niveau global, la consommation peut aussi être considérée comme un **phénomène sociologique**.
- La consommation prend différentes formes : **marchande** quand elle correspond à des achats de biens et services sur le marché, **non marchande** s'il s'agit d'autoconsommation ou de services publics. La consommation peut être collective, si la consommation par un individu n'exclut pas la consommation par les autres, ou individuelle dans le cas contraire.

1 Les comportements de consommation

- **Pour les théoriciens néoclassiques**, les ménages arbitrent d'abord entre l'épargne et la consommation, en fonction du taux d'intérêt proposé pour rémunérer l'épargne. Plus ce taux est important, moins grande sera la consommation. Ensuite, chacun effectue ses choix, sous la contrainte de son budget, en vue de maximiser sa satisfaction globale. Cela suppose que l'individu est rationnel, qu'il peut établir *a priori* l'ordre de ses préférences entre les différents types de biens proposés à la consommation. Ce calcul pose le prix comme un déterminant essentiel des comportements de consommation : c'est la « loi de la demande décroissante », selon laquelle la consommation est une fonction décroissante du prix.
- **Les choix d'épargne et de consommation ne sont pas toujours libres et rationnels**. L'individu tel que le décrivent les néoclassiques n'existe pas. Chacun obéit aussi à des pulsions qui peuvent déclencher des achat irréfléchis. Le comportement économique ne peut être entièrement dicté par des calculs.

- **La théorie de la « filière inversée » de Galbraith** fait des producteurs, grâce à la mercatique et à la publicité, les principaux responsables de l'évolution des préférences des consommateurs.
- L'observation met en évidence de nouveaux comportements de consommation depuis le début des années quatre-vingt-dix. Le « **nouveau consommateur** » serait plus rationnel, moins sensible à la publicité mais plus à la qualité véritable des biens et services.

2 L'étude de la consommation globale

- La fonction keynésienne de consommation : Keynes cherche à expliquer la consommation globale et attribue au revenu le rôle principal dans sa détermination. Selon lui, la fraction consommée du revenu, qu'il appelle propension à consommer, diminue avec l'augmentation du revenu. La part consacrée à la consommation est de moins en moins grande car les besoins sont progressivement satisfaits et les possibilités d'épargne de plus en plus importantes.
La fonction de Consommation consommation keynésienne a donc une seule variable, le revenu. Elle peut s'écrire sous la forme $C = c.R + b$, avec $c < 1$, et se représente par une droite.

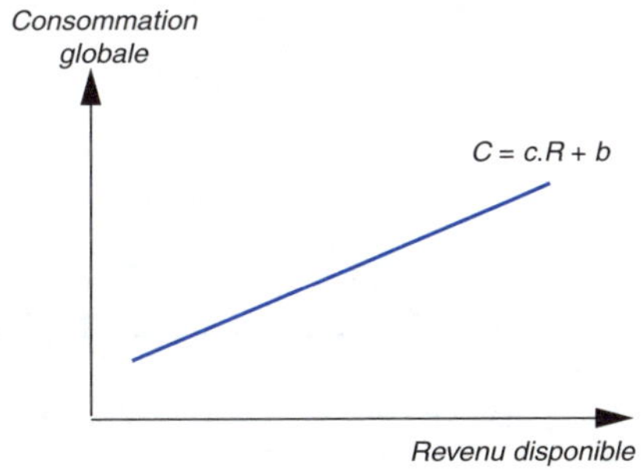

- Des politiques économiques s'en inspireront pour relancer la consommation en agissant sur le revenu, particulièrement sur les revenus des ménages les plus modestes, dont la propension à consommer est plus élevée.
- Selon le modèle du « revenu permanent » de Friedman, la consommation s'établit non pas en fonction du revenu courant des ménages, mais en fonction d'un revenu annuel moyen estimé par l'individu en fonction de ses anticipations (études, revenus futurs...).
- **Le développement de la consommation de masse** : durant les décennies de croissance qui ont suivi la Seconde Guerre mondiale (les « Trente Glorieuses »), la consommation a joué un rôle décisif dans le fonctionnement du modèle « fordien ». Grâce au développement de la consommation de masse, notamment dans le domaine des biens durables, la demande stimule une production de masse, donc la distribution de revenus, entretenant ainsi l'augmentation de la consommation.
- Le ralentissement de la consommation : la période actuelle laisse apparaître, depuis la fin des années quatre-vingt, une nette remontée du taux d'épargne, et surtout de l'épargne financière, au détriment de la consommation, qui se ralentit. Pour certains, il s'agit d'un phénomène psycho-sociologique de saturation, de rejet de la sur-consommation. D'autres avancent une explication économique liée au niveau global du revenu, jugé insuffisant pour assurer un niveau de demande satisfaisant.

3 La structure de la consommation

- **Lois d'Engel et structure de la consommation** : la loi énoncée par l'économiste Engel au XIXe siècle, selon laquelle la part de la consommation consacrée à l'alimentation (le coefficient budgétaire de l'alimentation) diminue avec l'augmentation du revenu, reste valable. La faible élasticité de la consommation alimentaire par rapport au revenu était démontrée. D'autres lois, également attribuées à Engel, sont plus difficilement vérifiables aujourd'hui. Mais on peut effectivement distinguer trois types de consommations : celles qui augmentent plus vite que le revenu (logement, santé, transport, loisirs), celles qui augmentent moins vite que le revenu (alimentation, habillement, équipement du logement), et celles qui augmentent au même rythme que le revenu (autres biens et services) :

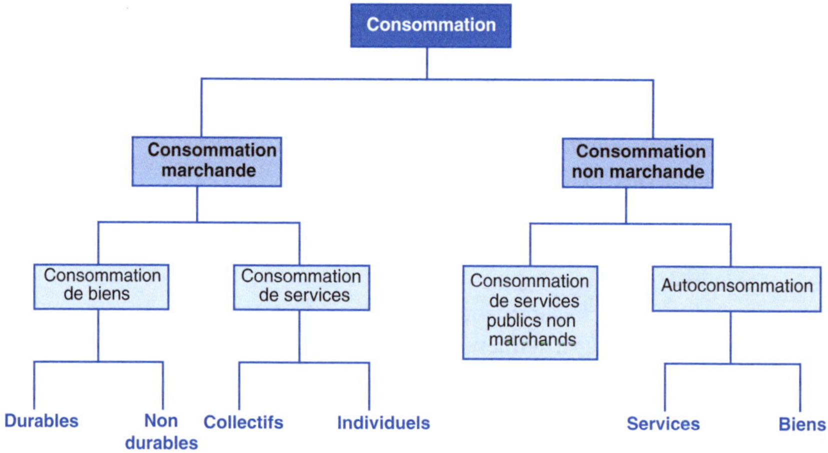

- **La dématérialisation de la consommation** : on peut aussi mettre en évidence une tendance à la dématérialisation de la consommation, c'est-à-dire à une augmentation de la part des services dans la consommation totale. Ils représentent aujourd'hui plus de 40 % de la consommation. La réduction du temps de travail, la montée de la demande de services dans les domaines à forte élasticité-revenu (santé, loisirs, culture, transport), la marchandisation des activités domestiques contribuent à cette dématérialisation.

4 La montée des consommations collectives

- Dans la société contemporaine, la collectivité prend en charge un certain nombre de besoins collectifs : éducation, logements sociaux, routes… Lorsque les ménages profitent de ces biens (il s'agit essentiellement de services), on parle de **consommation collective**.

C'est une consommation non marchande puisque les ménages, après avoir payé leurs impôts, utilisent ces services gratuitement ou moyennant une participation ne correspondant pas au coût de production.

- La « **consommation élargie** » est la réunion des consommations individuelles et des consommations collectives. En France, elle est obtenue en ajoutant à la consommation finale des ménages la consommation finale individualisable des administrations. L'État prend en charge une grande partie des consommations collectives. Dans certains cas, il s'agit de services fondamentalement collectifs, car rendus à la société dans son ensemble : justice, police. Dans d'autres cas, l'État propose, sous forme collective, des services qui auraient pu être sinon individuels (éducation, santé), du moins marchands (transports).
- Les **collectivités locales** participent également aux consommations collectives. Dans de nombreux domaines, parce qu'elles en ont la compétence juridique ou parce que, plus près du terrain, elles sont mieux placées pour satisfaire les besoins collectifs, ce sont elles qui assurent les prestations collectives : eau potable, transports publics, équipements culturels et sportifs, logement…

Application

De quelle façon consommation et revenu sont-ils liés ?

Corrigé

La consommation est une des destinations du revenu des ménages. Ces deux phénomènes sont donc pratiquement indissociables. Cependant, l'influence du revenu sur la consommation peut être analysée de différentes manières : au niveau micro-économique ou macro-économique, revenu courant ou revenu permanent, volume ou structure de la consommation.

- Au niveau microéconomique, la question se pose en termes de maximisation de la satisfaction totale. Le revenu se pose comme la principale contrainte de ce calcul. Au niveau macro-économique, le problème est de connaître la part du revenu consacrée à la consommation.
- L'analyse keynésienne relie la consommation globale au revenu courant selon une fonction linéaire. La théorie du revenu permanent conteste cette représentation et retient une conception plus stable du revenu issu des anticipations des agents.
- Enfin, le lien entre revenu et consommation peut être appréhendé en structure, c'est-à-dire en observant la composition de la consommation. À la suite d'Engel, on peut ainsi distinguer des consommations qui augmentent plus vite, au même rythme, ou moins vite que le revenu.

13 L'épargne

Principes clés

- Au sens courant, épargner consiste à faire des économies, à mettre de l'argent de côté. En économie, l'épargne désigne la partie du revenu qui n'est pas consommée. Épargner consiste à **renoncer à une consommation immédiate** au profit des satisfactions futures liées à des investissements ou à des consommations.
- **L'épargne se mesure comme un flux** et non comme un stock. Chaque année sont comptabilisées les sommes épargnées et non le montant total des sommes épargnées à un moment donné (aspect patrimonial).
- La fonction d'épargne est traditionnellement assurée par les ménages, mais les entreprises et les administrations peuvent également épargner. **L'épargne nationale** regroupe l'épargne des ménages, des entreprises et des administrations. **Le taux d'épargne** est le rapport entre l'épargne nationale et le PIB.

1 Les formes de l'épargne nationale

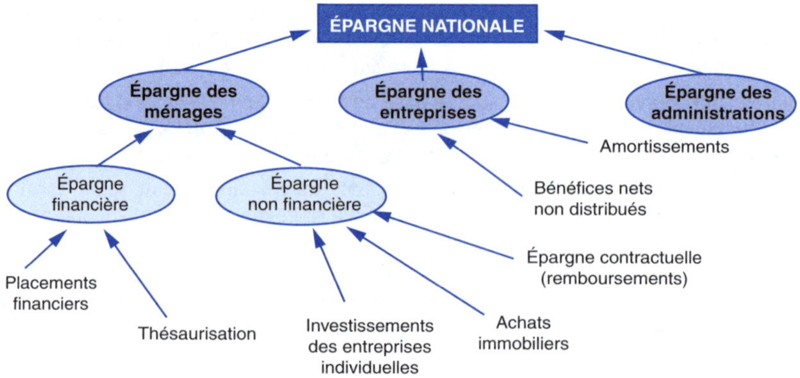

- **Pour les ménages**, les formes d'épargne sont diverses : placer de l'argent sur un compte, acheter des actions ou des obligations, conserver des billets chez soi… On distingue ainsi l'**épargne financière** (placements financiers et thésaurisation) et l'**épargne non financière** (logements et investissements).

- Pour la Comptabilité nationale, l'épargne des ménages inclut trois grands types d'éléments: les investissements des entrepreneurs individuels (investissements réalisés), les achats de biens immobiliers (et l'épargne contractuelle liée aux remboursements d'emprunts)et l'épargne financière des ménages. L'épargne des entreprises correspond à leur autofinancement, c'est-à-dire aux amortissements et aux bénéfices non distribués.
- **La capacité de financement** d'un agent ou d'une catégorie d'agents est la différenceentre son épargne et ses besoins de financement. Le solde peut être positif ou négatif. Les capacités nettes de financements sont utilisées pour financer les besoins nets. Les ménages sont structurellement prêteurs car ils dégagent une capacité nette de financement. Jusqu'à une période récente, les entreprises avaient un besoin net de financement mais cette situation s'est inversée, surtout en raison de la baisse de l'investissement, et les entreprises dégagent aujourd'hui une capacité nette de financement. Le seul agent déficitaire est à présent l'État, qui a un besoin net de financement et doit donc faire appel aux autres agents pour son financement.
- Les opérations économiques nationales peuvent faire apparaître un **solde d'épargne** positif ou négatif avec le reste du monde, indiquant qu'un excédent d'épargne a été prêté à l'étranger ou que le reste du monde a financé un déficit national. Il s'agit alors de l'épargne de la Nation. La France est aujourd'hui en situation de prêteur vis-à-vis du reste du monde.

2 L'évolution du taux d'épargne

- Le taux d'épargne des ménages est égal au rapport entre l'épargne et le revenu disponible brut. Il a connu une des évolutions sensibles depuis quelques décennies :

Taux d'épargne des ménages en 2015 (en % du revenu disponible)

	1970	1975	1980	1985	1990	1995	2000	2005	2010	2015
Taux d'épargne	20,4	22,3	19,2	14,7	13,5	15,7	14,8	14,5	15,8	14,5
Taux d'épargne financière	6,0	8,3	5,1	4,8	2,9	7,0	6,0	4,1	6,5	5,5
Taux d'investissement en logement	13,6	13,9	13,7	10,0	10,5	8,5	8,9	9,9	9,2	9,0

Source : INSEE, comptes nationaux – base 2010.

- Après s'être établi entre 15 % et 20 % au cours des décennies 70 et 80, le taux d'épargne des ménages a fortement chuté jusqu'en 1987 (10,8 %), s'est redressé entre 1988 et 1993 et oscille depuis entre 15 et 17 %.

- **La remontée du taux d'épargne financière** entre 1987 et 1993 se caractérise par la montée des placements en OPCVM (organismes de placements collectifs en valeurs mobilières). À partir de 1995, la réduction de leur rémunération et des avantages fiscaux liés à ce type de produit financier conduit les ménages à s'en détourner, au profit de l'assurance-vie et de l'épargne logement.
- L'analyse des composantes de l'épargne montre alors que la baisse du taux global par rapport au niveau des années soixante-dix est surtout due au **ralentissement de l'investissement immobilier**, les livrets d'épargne constituant toujours le placement le plus répandu des ménages (91 % des ménages en possèdent un).

3 Les déterminants de l'épargne

- La décision d'épargner permet de satisfaire différents types de besoins. Les ménages épargnent pour acheter ultérieurement, pour se protéger contre certains risques, pour « assurer leur retraite ». Selon la **théorie du cycle de vie**, les ménages accumulent durant leur vie active pour « désépargner pendant leur retraite. Cette théorie justifie l'élévation du taux d'épargne en cas de menace démographique sur les retraites collectives.
- Les ménages peuvent aussi épargner en vue d'**obtenir des intérêts**. Sur ce point, les courants théoriques s'opposent. Pour les classiques, le taux d'intérêt détermine le partage du revenu entre l'épargne et la consommation. Un taux élevé justifie ainsi la renonciation à une consommation immédiate. Pour Keynes au contraire, le partage consommation épargne est seulement fonction du revenu, le taux d'intérêt ne déterminant que le partage de l'épargne entre les formes liquides (thésaurisation) et les formes financières (lorsque les taux d'intérêts sont élevés.)
- Pour les entreprises, l'épargne permet de **financer la croissance**. En accroissant le fonds de roulement, l'épargne permet de réaliser de nouveaux investissements en réduisant le poids de l'endettement, donc des charges financières.
- Les **autres déterminant** du taux d'épargne :
  - le niveau de l'inflation : l'épargne financière augmente en période de forte inflation car les ménages compensent la diminution de la valeur réelle des patrimoines due à la hausse de prix ;
  - la dégradation du climat économique : les ménages constituent une épargne de précaution pour faire face aux risques de chômage, de diminution des revenus…

4 La transformation de l'épargne

Pour les épargnants, la qualité essentielle de l'épargne est la liquidité, la disponibilité de l'argent. Or le financement des investissements nécessite une immobilisation de fonds à long terme. Les circuits de l'épargne doivent permettre cette transformation.

- La **transformation de l'épargne par les institutions financières** consiste à recevoir un grand nombre de dépôts à court et moyen terme et à accorder des crédits à moyen et long terme. Les institutions financières permettent également de réduire le risque de non-remboursement puisqu'elles s'interposent entre le prêteur et l'emprunteur final.
- Le **marché financier** facilite la transformation de l'épargne en accroissant la liquidité des titres émis par les entreprises, les institutions financières et les collectivités publiques. Il favorise ainsi l'accroissement de leurs possibilités d'émission de titres, donc leurs moyens financiers.
- **Ces deux circuits de transformation ne sont pas dissociés** puisque les institutions financières interviennent de plus en plus sur les marchés financiers. Elles y prennent des participations, achètent et vendent des titres, gèrent des OPCVM.

Application

L'épargne est-elle favorable à la croissance économique ?

Corrigé

La contribution de l'épargne à la croissance économique est ambiguë. D'une part, elle permet le financement de l'investissement, contribuant en cela à la croissance. D'autre part, lorsqu'elle augmente au détriment de la consommation, elle entraîne une compression de la demande et freine la croissance. La relation épargne-croissance mérite donc d'être étudiée en profondeur.

- L'épargne est un moteur de la croissance si elle est utilisée à financer des investissements productifs. Ainsi, les capacités de financement des ménages permettent en situation normale de financer les investissements des entreprises et des administrations publiques. L'épargne permet donc d'améliorer les capacités productives, favorise la compétitivité, donc l'emploi et la croissance. Ainsi, selon la théorie libérale, l'épargne ne peut être préjudiciable à la croissance économique car elle ne réduit en aucun cas la demande globale, qui comprend la consommation et l'investissement. Il est donc légitime de favoriser l'épargne des ménages par une fiscalité favorable, des taux d'intérêts suffisamment élevés, des circuits de transformation souples et adaptés.
- Pourtant l'épargne n'est pas totalement étrangère aux difficultés économiques actuelles. En effet, la remontée du taux d'épargne au début des années 2010 touche à la fois les ménages et les entreprises et s'accompagne d'une stagnation de la demande. Les entreprises ne sont pas incitées à investir et l'épargne dégagée finance essentiellement les déficits publics et les investissements à l'étranger. L'épargne n'est donc pas favorable à la croissance économique et les pouvoirs publics mettent en place des mesures de relance de la consommation afin de soutenir la demande.

En définitive, l'épargne et la consommation sont toutes deux nécessaires à l'établissement d'une croissance saine. L'épargne est nécessaire au maintien des équilibres macro-économiques, favorise une croissance limitant l'endettement, donc non inflationniste. La consommation est nécessaire aux débouchés des entreprises. La croissance économique a donc besoin de ces deux composantes, à condition qu'elles soient bien orientées. L'épargne doit en particulier être dirigée vers l'investissement productif et non financer les déficits budgétaires successifs.

14 L'investissement

Principes clés

- Le **capital technique** est le **capital fixe** au sens de la comptabilité nationale. Il faut entendre par là les installations techniques et machines, les bâtiments et logements, l'ensemble des moyens de production qui participent à plusieurs cycles de production.
- Au sens large, l'investissement constitue une dépense immédiate en vue de recettes futures ou d'économie de coûts. Cette définition permet d'abord de cerner l'objectif de tout investissement, qu'il soit financier (on parle alors de placement) ou productif.
- La comptabilité nationale définit l'**investissement productif** comme l'ensemble des investissements en capital fixe des entreprises, hors logement. Pour obtenir la **Formation Brute de Capital Fixe** (FBCF), elle ajoute à ce dernier les achats de logements par les ménages, les achats de logiciels par les entreprises, les achats d'œuvres artistiques et littéraires et la constitution d'équipements collectifs qui, eux, ne sont pas destinés à produire d'autres biens de manière directe. Enfin, en retranchant les amortissements de la FBCF on obtient la **Formation Nette de Capital Fixe** (FNCF). Ainsi, la définition de l'investissement renvoie clairement à celle de capital : l'investissement renouvelle le stock de capital.

1 Les différents types d'investissement

- **Les investissements matériels** : ils correspondent à la formation brute de capital fixe ; on distingue les **investissements de remplacement** qui renouvellent à l'identique le capital, les **investissements d'expansion** qui augmentent la capacité de production de l'entreprise, et les **investissements de modernisation** qui visent à accroître la productivité. En réalité, cette distinction est difficile à observer, un même investissement pouvant à la fois renouveler, moderniser et étendre le capital productif de l'entreprise.
- **Les investissements immatériels** : on entrevoit l'idée que l'investissement n'est pas seulement matériel lorsqu'on se réfère à la définition au sens large de l'investissement. Il faut, pour produire, de plus en plus de savoir (recherche), de savoir-faire

(formation), de savoir organiser (méthode et logiciels) et de faire savoir (publicité et études de marché). Il s'agit bien ici de dépenses qui sont source de productivité pour l'entreprise et dont les effets, dans la durée, dépassent le cycle de production : recherche et développement, mercatique, logiciels, formation. Hormis les achats de logiciels, les investissements immatériels sont souvent considérés comme des consommations intermédiaires en comptabilité générale, et ne peuvent pas toujours donner lieu à un amortissement comptable.

2 Les effets de l'investissement

- **Un moteur essentiel de la croissance économique** : puisqu'il augmente le stock de capital fixe de la nation, l'investissement autorise une production plus importante de période en période. En outre, il permet d'introduire et de diffuser le progrès technique par l'intermédiaire des générations nouvelles d'équipements productifs. C'est un élément constitutif de la demande globale qui tire la production nationale.
- **Un catalyseur des échanges extérieurs** : l'investissement permet de moderniser l'appareil de production nationale en le rendant plus compétitif. Les entreprises enregistrent alors des gains de productivité qui se traduisent par des exportations supplémentaires. Cependant, tout accroissement de l'investissement peut s'accompagner d'importations massives si le secteur intérieur des biens d'équipement ne peut faire face à la demande nationale.

3 Les déterminants de l'investissement

- **La demande** : l'investissement est largement tributaire du niveau de la demande qui s'adresse à l'entreprise. Il n'est pas nécessaire d'accroître ses capacités de production quand la demande stagne. Cependant, l'entreprise peut souhaiter réaliser des investissements de modernisation-rationalisation, moins sensibles à la demande.
- **Les profits** : il s'agit d'un déterminant essentiel dans la mesure où les entreprises ne se risquent à investir que si elles escomptent des profits futurs intéressants ou, autrement dit, lorsque la rentabilité espérée de l'investissement est suffisante. En outre, les profits réalisés par le passé constituent souvent une ressource financière nécessaire pour financer tout ou partie des investissements nouveaux.
- **La situation financière de l'entreprise et les taux d'intérêt** : en l'absence de ressources financières suffisantes, l'entreprise pourra avoir recours à l'emprunt dans la mesure où le niveau et la structure de son endettement présent le permettent. Elle se prononcera en comparant le coût de l'emprunt (taux d'intérêt) à la rentabilité attendue de son investissement. Elle peut également arbitrer en faveur de placements financiers plus rentables.

4 Le multiplicateur keynésien d'investissement

- Rappelons ici l'égalité fondamentale entre l'offre et la demande globales dans le cadre d'une économie fermée (en l'absence d'importations et d'exportations) :

$$\text{Production } (Y) = \text{Consommation } (C) + \text{Investissement } (I)$$

En outre, nous savons que la production n'est autre que la somme des valeurs ajoutées produites par les entreprises résidentes, valeurs ajoutées qui sont ensuite réparties sous forme de revenus entre les ménages. En somme, Production = Revenu = Y

- Une augmentation de l'investissement (ΔI) va se traduire par une distribution supplémentaire de revenus ($\Delta Y = \Delta I$) vers ceux qui fabriquent les équipements productifs achetés, et également vers ceux qui les utilisent (nouvelles embauches). Il va en résulter un supplément de consommation (ΔC) de la part de ces agents économiques.
- La variation de la consommation des ménages est, de plus, liée à la variation du revenu par la propension marginale à consommer (c). On peut alors écrire : $\Delta C = c\Delta Y$ ou, puisque $\Delta Y = \Delta I$, $\Delta C = c\Delta I$. Mais, ces dépenses de consommation vont alors procurer des revenus supplémentaires à ceux auprès de qui elles ont été réalisées, pour un montant, donc, de $c\Delta I$. Ceux-ci vont à leur tour en consacrer une partie à la consommation pour un montant de $c^2\Delta I$, et ainsi de suite...
- En récapitulant les vagues successives de revenus et de consommation on obtient le schéma suivant :

$$\begin{aligned}
\Delta I \rightarrow \Delta Y = \Delta I &\rightarrow \Delta C = c\Delta Y = c\Delta I \\
\Delta Y = c\Delta I &\rightarrow \Delta C = c^2\Delta I \\
\Delta Y = c^2\Delta I &\rightarrow \Delta C = c^3\Delta I \\
\Delta Y = c^3\Delta I &\rightarrow \Delta C = c^4\Delta I, \text{ etc.}
\end{aligned}$$

Au total, la somme des revenus générés par l'investissement initial est :

$$\begin{aligned}
\Delta Y &= \Delta I + c\Delta I + c^2\Delta I + c^3\Delta I + c^4\Delta I + c^5\Delta I + c^6\Delta I + \ldots \\
&= (1 + c + c^2 + c^3 + c^4 + c^5 + c^6 + \ldots)\Delta I \\
&= (1/1 - c)\Delta I \\
\Delta Y &= (1/1 - c)\Delta I
\end{aligned}$$

- On appelle $k = 1/1 - c$, le multiplicateur keynésien d'investissement. Si $c = 0{,}8$, on trouve $k = 5$. Cela signifie que toute augmentation de l'investissement conduit à une croissance de la production 5 fois supérieure. L'effet multiplicateur n'est pas immédiat, il s'échelonne sur plusieurs périodes. On constate que l'État peut être à l'origine d'un investissement autonome qui, par le jeu du multiplicateur d'investissement, va relancer la croissance de la production.

Application

Les effets de l'investissement sur l'emploi.

Corrigé

L'investissement est souvent associé à l'arrivée de technologies nouvelles, du progrès technique dans l'entreprise. Si personne aujourd'hui ne conteste les effets positifs du progrès, nombreux sont ceux qui s'interrogent sur ses conséquences indéterminées sur l'emploi.

On considère l'emploi comme l'ensemble des activités rémunérées proposées par les entreprises et les administrations, alors que l'investissement pourra inclure une composante immatérielle, notamment la formation. Ainsi posé, le problème ne relève pas de la seule entreprise qui investit, mais de l'ensemble des entreprises qui, entre elles, peuvent compenser des destructions par des créations d'emplois.

Nous verrons ainsi, dans un premier temps, les effets de l'investissement sur l'emploi au niveau micro-économique et, en second lieu, au niveau macro-économique.

1. Les effets de l'investissement au niveau de l'entreprise

- Investissement de capacité : création d'emplois.
- Investissement de renouvellement au sens strict : a priori pas d'effet.
- Investissement de productivité : des effets négatifs à court terme, mais positifs à long terme car source d'amélioration de la compétitivité de l'entreprise. Un problème se pose, celui de la formation de la main-d'œuvre : les investissements immatériels doivent accompagner les investissements matériels.

2. Les effets de l'investissement au niveau macroéconomique

- Des effets d'entraînement positifs, quel que soit le type d'investissement : multiplicateur et accélérateur d'investissement.
- Toutefois, les effets d'entraînement ne jouent que si le secteur des biens d'équipements, au niveau national, peut répondre en qualité et en quantité à la demande.

Les effets de l'investissement sur l'emploi apparaissent globalement positifs au niveau macro-économique et à long terme.

Toutefois, l'ouverture des économies nationales sur l'extérieur atténue ces effets. En outre, la concurrence internationale rend nécessaire les investissements matériels et immatériels au risque de perdre des emplois… Cependant, le progrès technique diffusé par les vagues d'investissement peut aussi servir à diminuer la durée du travail pour le partager.

15 La production nationale

Principes clés

- Selon l'Insee, « la **production** est l'activité socialement organisée consistant à créer des biens et services s'échangeant habituellement sur le marché ou obtenus à partir de facteurs de production s'échangeant sur le marché ». Cette définition inclut toute la production vendue, y compris la production légale qui n'est pas déclarée pour échapper à la fiscalité ou aux charges sociales (économie souterraine).
- La comptabilité nationale française distingue deux éléments qui constituent la production nationale : la **production marchande** et la **production non marchande**. La production marchande est la production qui s'échange habituellement sur un marché, la production non marchande est celle qui est obtenu à partir de facteurs de production s'échangeant habituellement sur un marché. Par convention, tous les biens sont supposés marchands alors que, pour les services, seuls ceux dont le prix de vente est supérieur à la moitié du coût de production sont considérés comme marchands. On en déduit que la production non marchande est exclusivement faite de **services non marchands**, c'est-à-dire de services vendus en deçà de la moitié de leur coût de production. Ainsi, on recense la **production non marchande des ménages**, c'est-à-dire les services non marchands qu'ils se rendent à eux-mêmes (lorsqu'ils sont propriétaires de leurs logements par exemple), et **l'autre production non marchande** qui est essentiellement constituée des services rendus par les administrations à titre gratuit ou presque.
- La production nationale est généralement présentée par branche d'activité. Une **branche** rassemble les unités de production qui fabriquent le même produit, alors qu'un secteur réunit les entreprises ayant une même activité principale. L'analyse par branche autorise donc une répartition plus homogène de la production nationale par produits, dans le cadre du **tableau entrées sorties** (TES).

1 La mesure de la production

- **La mesure des productions marchande et non marchande** : l'unité de mesure de la production est la monnaie. C'est la seule base commune à laquelle on puisse faire référer les productions diverses. Toutefois, il convient de ne point s'en remettre au chiffre d'affaires des entreprises pour évaluer la production marchande. En effet, l'addition des chiffres d'affaires conduirait à comptabiliser plusieurs fois une même production. Pour remédier à cela, la production des entreprises est mesurée par leur **valeur ajoutée (VA)**, différence entre la valeur des biens et services produits par l'entreprise et la valeur des biens et services consommés. La production non marchande ne peut être évaluée par la valeur ajoutée puisqu'elle n'est point vendue sur un marché. On retient donc le coût de production pour sa mesure, principalement constitué de salaires et traitements.

- **Les agrégats de production** : le principal agrégat de la comptabilité nationale est le **produit intérieur brut (PIB)**. Il repose sur le critère de territorialité et, ainsi, ne comptabilise que la production des entreprises résidentes, qu'elles soient françaises ou étrangères. En contrepartie, il néglige la production des entreprises française à l'étranger, lesquelles entrent dans le calcul du PIB d'autres pays. Évalué au prix du marché, on obtient le PIB de la manière suivante :

  PIB = Somme des VA des entreprises résidentes + TVA + Droits de douanes

  En déduisant du PIB la consommation de capital fixe, c'est-à-dire l'amortissement économique des biens d'équipements, on obtient le **produit intérieur net (PIN)**. Enfin, les comparaisons internationales portent souvent sur le **produit national brut (PNB)** qui repose sur le critère de nationalité et comptabilise uniquement la production des agents nationaux. Le PNB n'est pas calculé par la comptabilité nationale. On obtient le PNB à partir du PIB de la manière suivante :

  PNB = PIB + Solde des revenus reçus et versés de l'extérieur

- **Le poids des productions marchande et non marchande** : au cours du temps, le poids de la production non marchande a progressé dans la production totale au détriment de la production marchande. Aujourd'hui, la production non marchande représente environ 18 % du PIB, et elle résulte principalement des services fournis par les administrations publiques. Toutefois, pour mesurer l'importance du secteur des administrations publiques il est utile de considérer l'ensemble des dépenses publiques et non point seulement la production évaluée au coût des facteurs. À cet égard, on observe que la part des dépenses dans le PIB est passée à 53 % en 2008. Cette évolution en volume s'accompagne d'une transformation radicale dans la structure des dépenses puisque, désormais, ce sont les dépenses sociales, culturelles, d'éducation et d'intervention économique qui prédominent.

2 Les limites de la mesure de la production

- **Le PIB procède à une double comptabilisation** d'une partie de la production marchande puisque les impôts, par exemple, sont comptabilisés à la fois dans la VA des entreprises (production marchande) et dans le coût des facteurs de la production non marchande qu'ils ont servi à rémunérer.
- **Le calcul d'un PIB en volume est délicat** puisqu'il fait ressortir le problème de l'élimination des hausses de prix alors que les produits peuvent avoir changé d'une année à l'autre, justifiant par la même ces changements de tarifs.

- **Le PIB comptabilise des productions nuisibles** : on reproche au PIB de ne pas tenir compte de la dégradation du capital écologique ou humain que la production occasionne et, parfois même, de comptabiliser comme production un ensemble de dépenses liées à la lutte contre les nuisances créées par la production.
- **Le PIB constitue un piètre indicateur de bien-être**, dans la mesure où la relation entre quantité produite et qualité de vie n'est pas déterminée.

3 L'analyse de la production par branche : le tableau entrées sorties (TES)

- **Le TES et l'équilibre emplois-ressources** : le TES décrit le mécanisme de la production nationale en représentant l'équilibre emplois-ressources branche par branche et pour l'ensemble des branches. Cet équilibre s'écrit (*cf.* Fiche n°6) :

$$\text{Ressources} = \text{Production } (P) + \text{Importations } (M)$$

Emplois = Consommation intermédiaire (*CI*) + Consommation finale (*CF*) + Formation brute de capital fixe (*FBCF* ou investissement en comptabilité nationale) + Exportations (*X*) + Variation des stocks (*VS*) :

$$P + M = CI + CF + FBCF + X + VS$$

- **Exemple de TES** : il s'agit ici d'une version très simplifiée destinée à comprendre son fonctionnement.

(En milliards d'euros)

		Branches								
		Agriculture	Industrie	Services	CI des produits	Consommation finale	Investissement (FBCF)	Exportations	Variation des stocks	Total Emplois
Produits	Agricoles	49	18	11	78	105	0	18	– 1	200
Produits	Industriels	32	269	241	542	387	114	322	– 3	1 362
Produits	Services	49	461	503	1 013	784	162	90	0	2 049
Produits	CI des branches	130	748	755	1 633					3 611
	Valeur ajoutée	52	322	1 238	1 612					
	Production	182	1 070	1 993						
	Importations	18	292	56						
	Total Ressources	200	1 362	2 049	3 611					

- **Lecture du TES** : en ligne, le TES indique quelle a été la destination des produits (ainsi, les produits industriels ont été utilisés par la branche agriculture à hauteur de 32 milliards, 269 milliards ont servi à l'industrie, 241 à la branche des services, 387 milliards ont fait l'objet d'une consommation finale par les ménages, 114 milliards d'euros ont concerné l'investissement, 322 ont été exportées, 3 milliards de produits industriels ont été déstockés) ; en colonne, le TES indique quels ont été les volumes de produits nécessaires à la production des branches (ainsi, la branche agriculture a utilisé pour 49 milliards de produits agricoles, pour 32 de produits industriels et pour 49 milliards de services).
- **Utilité du TES** : il permet de calculer le degré d'indépendances des branches (Total des consommations intermédiaires de la branche/Production de la branche). Par exemple, on peut constater que, dans l'exemple proposé, la branche des services est la plus indépendante car son coefficient est le plus faible (0,38 contre 0,70 pour l'industrie et 0,71 pour l'agriculture). Pour l'ensemble des branches, on peut calculer des **coefficients techniques** (Consommation intermédiaire en produits *x*/Production de la branche *y*) qui sont utiles aux prévisions.

4 Comparaisons entre le PIB et le PNB

- Le PNB est un agrégat qui se situe à mi-chemin entre agrégat de revenu et agrégat de production. En effet, il comptabilise la production (valeur ajoutée) des entreprises résidentes (le PIB) auquel il retire, non pas la valeur ajoutée produite par les étrangers mais les revenus qui sont versés à l'étranger. Inversement, il n'additionne pas la valeur ajoutée produite par les nationaux à l'étranger, mais les revenus reçus en provenance de l'étranger.
- Le PIB constitue un indicateur homogène qui permet de refléter l'activité économique interne. Pourtant, nombreux sont ceux qui, aujourd'hui encore, continuent de parler de PNB, alors qu'il n'est plus calculé par les comptables nationaux. Ceci s'explique en partie par le fait que les États-Unis continuent de calculer un PNB, et que les comparaisons internationales se font souvent sur la base du PNB. Des différences importantes apparaissent pourtant entre PIB et PNB. Le rapport PNB/PIB en pourcentage est, par exemple, de 135 pour le Koweït et de 86 pour le Brésil.
- Les différences de rapport PNB/PIB s'expliquent par la structure des flux de revenus entre un pays et le reste du monde. Ainsi, les grands pays industrialisés reçoivent globalement autant de revenus qu'ils en versent au reste du monde. Par contre, un pays comme le Koweït a un PNB très supérieur à son PIB dans la mesure où une grande partie de la manne pétrolière est consacrée à des investissements et placements hors du territoire national, source de revenu en provenance de l'étranger.

De son côté, un pays comme le Brésil verse plus de revenu qu'il en reçoit au reste du monde, en raison d'une faible implantation à l'étranger et d'une forte présence étrangère sur le territoire national.

Application

PIB en euros courants, PIB en euros constants

	Année 1	Année 2	Année 3	Année 4	Année 5
PIB en milliards d'euros courants	1 238	1 348	1 453	1 567	1 650
Indice des prix	100,0	107,2	113,5	119,5	123,2

Calculer, pour chaque année, le PIB en euros constants (base année 1), l'indice du PIB en euros constants et l'indice du PIB en euros courants, base 100 année 1.

Corrigé

	Année 1	Année 2	Année 3	Année 4	Année 5
PIB en milliards d'euros courants*	1 238	1 257	1 280	1 311	1 339
Indice PIB en euros courants **	100,0	108,9	117,3	126,5	133,2
Indice PIB en euros constants **	100,0	101,6	103,4	105,9	108,1

* (PIB euros courants/Indice des prix) × 100.

** (PIB de l'année/PIB année 1) × 100.

La croissance économique 16

Principes clés

- La croissance économique se définit comme l'augmentation soutenue, pendant une longue période, de la production d'un pays. Il s'agit d'une notion purement titative (croissance au sens strict), qui se distingue de l'**expansion** qui, elle, n'est qu'une augmentation conjoncturelle de la production.
- Les moteurs de la croissance sont les **facteurs de production**, c'est-à-dire les éléments qui, combinés entre eux, permettent l'obtention d'une production. Les deux principaux facteurs de production sont le travail (les hommes) et le capital (les machines).
- Le **progrès technique** constitue également un vecteur de croissance. Il se définit, en effet, comme l'ensemble des innovations qui conduisent à augmenter les quantités produites avec des quantités inchangées ou réduites de facteurs travail et capital.

1 La mesure de la croissance

- **Les indicateurs de la croissance** : la croissance étant appréhendée comme un phénomène purement quantitatif, on utilise un indicateur de dimension qui est le **produit intérieur brut**, et dont on calcule le taux de croissance au cours d'une période déterminée, en volume et en valeur.
- **Les chiffres de la croissance** : la France a connu une période de forte croissance économique, entre 1945 et 1975, qualifiée de « Trente Glorieuses », selon le titre de l'ouvrage de Jean Fourastié. Le taux de croissance annuel moyen était sur la période de 5 % environ. Depuis le premier choc pétrolier, la croissance économique s'est fortement ralentie avec un taux de croissance annuel de 2,5 %. Depuis le début des années soixante-dix nous sommes dans l'ère des « Trentes piteuses » selon l'expression de Nicolas Baverez.

2 Les facteurs de la croissance

- **La contribution du facteur travail à la croissance économique** : le volume de la production dépend en partie du nombre de personnes disponibles pour travailler et du temps de travail. Ainsi, les évolutions de la population active en volume et de la durée du travail influent sur la croissance économique. En France, la population active stagne, du début du siècle au lendemain de la Seconde Guerre mondiale, autour de 20 millions de personnes environ. Puis, après la Seconde Guerre mondiale, le rythme de croissance s'accélère quelque peu, le volume passant de 19,4 millions d'actifs en 1946 à 28,5 millions aujourd'hui. À l'inverse, on observe une tendance à la baisse de la durée du travail : diminution de la durée hebdomadaire, allongements des congés payés, prolongement des études, baisse de l'âge de la retraite.

- **La contribution du facteur capital à la croissance économique** : la croissance de la production dépend également de l'évolution du stock de capital fixe (équipements productifs). Ainsi, si la croissance de la population active a été de 40 % de 1960 à 2012, celle du stock de capital a été multiplié par 10. Le stock de capital progresse grâce aux investissements successifs réalisés par les agents économiques.

3 La prise en compte des sources de la croissance

- **Les progrès techniques et humains** : lorsque la croissance économique résulte uniquement de l'augmentation des quantités de facteur travail et capital, on parle de **croissance extensive**. Toutefois, l'augmentation de la production provient également d'une meilleure formation des hommes (capital humain) et du progrès technique qui accroît la productivité des facteurs (rapport entre le volume produit et la quantité de facteur utilisée) dans les générations nouvelles d'investissement. Dans ce cas, on parle de **croissance intensive**.

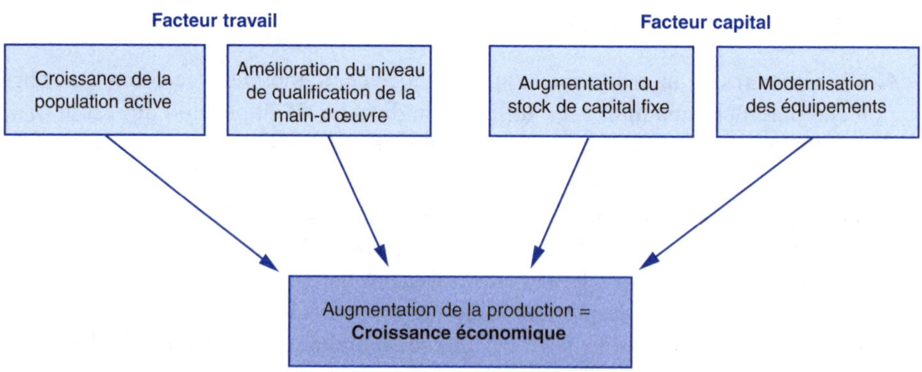

- **Une mesure de la contribution des facteurs de production à la croissance économique** a été proposée par Carré, Dubois et Malinvaud (1972) pour la période 1951-1969. Cette étude montre que la croissance française sur la période, au taux de croissance annuel moyen de 5 %, ne résulte ni d'une augmentation de la population active (l'emploi dans les branches stagne sur la période), ni d'une variation de la durée du travail (elle baisse et son effet est donc négatif sur la croissance). Seuls le volume de capital, son rajeunissement ainsi que la qualité du travail apparaissent comme des facteurs explicatifs de la croissance sur cette période. En outre, il reste une part (2,5 points de pourcentage) de la croissance qui n'est pas expliquée. Cette part est expliquée par le progrès technique exogène (Solow, 1956).

- **L'endogénéisation des facteurs de la croissance** : à la suite des travaux de Paul Romer (1986) sur le rôle de la connaissance technologique, de Robert Lucas (1988) sur l'importance de l'accumulation de travail humain et la « compétence collective », et de Robert Barro (1996) sur les effets externes des dépenses publiques d'infrastructures, le rôle de l'État est enfin souligné, d'un point de vue théorique, dans les performances des nations en termes de croissance. Ces théories dites de la croissance endogène reposent sur la prise en compte de facteurs qui étaient jusque-là considérés comme exogènes à la croissance (investissement en capital humain, investissement en capital public, effet d'expérience, organisation du travail).

4 La croissance fordiste

Schéma de la croissance fordiste

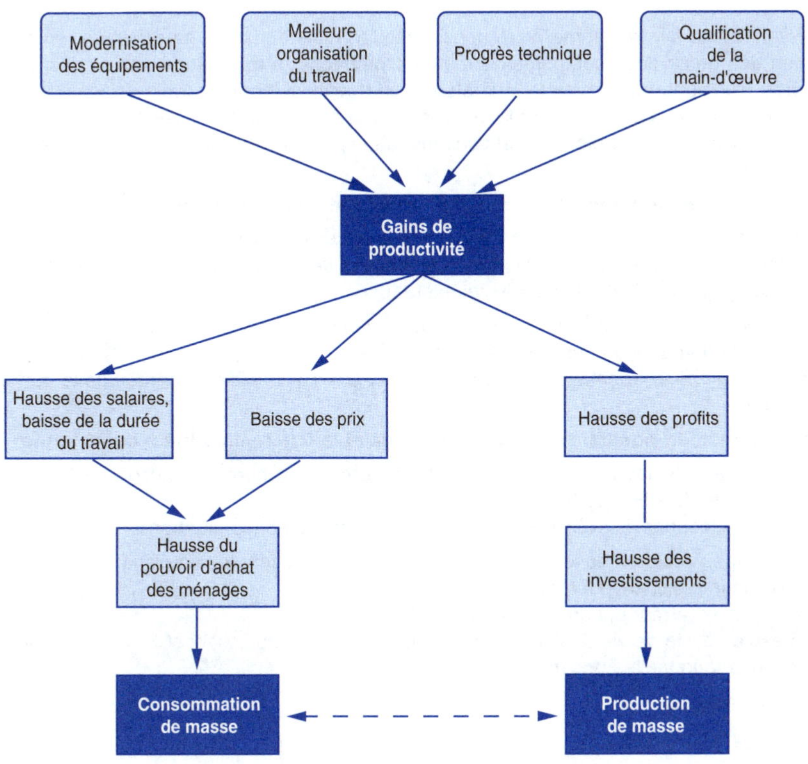

La croissance fordiste caractérise la forte croissance économique qu'ont connu les pays développés après la Seconde Guerre mondiale. Elle est ainsi qualifiée car elle fait référence à Henri Ford qui, dès les années trente, accordaient à ses ouvriers des salaires plus élevés que chez les concurrents (« *Five dollars a day* »). Ceci était possible grâce aux formidables **gains de productivité** réalisés par le travail à la chaîne... mais aussi nécessaire pour retenir une main-d'œuvre dont la tâche était pénible. Ce faisant, cette distribution de pouvoir d'achat ne manquait pas de revenir sous forme de demande d'automobiles auprès des usines Ford. Ce sont les économistes de l'école de la régulation (R. Boyer, J. Mistral, M. Aglietta), en France, qui ont ainsi expliqué la croissance d'après-guerre et son essoufflement.

Application

Consommation et croissance économique.

Corrigé

La croissance agit sur le volume de la consommation mais aussi sur sa structure, en raison de l'évolution des goûts des consommateurs qui accompagne la croissance, mais aussi en raison du progrès technique qui provoque, semble-t-il, un ralentissement du cycle de vie des produits. Bien entendu, on peut avancer que la consommation est un moteur essentiel de la croissance économique. Cependant, croissance et consommation peuvent être déconnectées l'une de l'autre à court terme.

1. Une forte corrélation entre croissance et consommation à long terme

1.1 Le rythme de la croissance agit sur le niveau de la consommation
- lien entre croissance de la production, des revenus et de la consommation (loi de Say, 1803) ;
- loi psychologique fondamentale de Keynes (1936).

1.2 La consommation constitue un élément moteur de la croissance
- principe de la demande effective de Keynes ;
- égalité offre globale = demande globale : $Y + M = C + I + G + X$: C représente la part la plus importante.

2. Une déconnexion possible entre la croissance et la consommation à court terme

2.1 Les ménages décident de leur niveau de consommation non en fonction de la croissance courante, mais en fonction de la croissance passée
- analyse de Duesenberry et Brown sur l'effet de cliquet à la consommation.

2.2 Les ménages décident de leur consommation non en fonction de la croissance courante mais en fonction de la croissance future
- idée du revenu permanent de Friedman (1957) ;
- hypothèse du cycle de vie de Ando et Modigliani (1954) et Modigliani et Brumberg (1963) ;
- anticipations rationnelles des ménages.

Les cycles économiques 17

Principes clés

- La croissance économique correspond à l'augmentation à long terme de la production d'un pays, il s'agit donc d'une tendance (**trend**). Cette tendance de long terme s'accompagne de cycles économiques marqués par des phases d'expansion, de retournement, de récession, de dépression et de reprise.

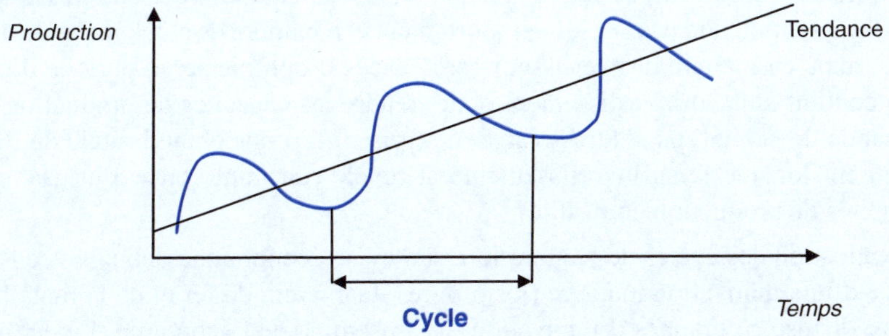

- Un **cycle économique** est un mouvement périodique de l'activité économique repéré par la variation d'une grandeur économique (prix, production) qui alterne des phases d'expansion, de retournement, de récession, de dépression et de reprise.
- L'**expansion** correspond à une augmentation de la production sur courte période, le **retournement** correspond à un ralentissement du rythme de hausse de la production, la **récession** à une baisse de la production, la **dépression** à une stagnation de la production, la **reprise** à une hausse nouvelle de la production.

1 Les différents types de cycles

On peut distinguer des cycles en fonction de leur durée de réalisation.

- **Les cycles courts** : la conjoncture est rythmée par des cycles économiques constitués d'une alternance de phases d'expansion et de récession dont la durée peut aller de 3 à 10 ans (**cycles de Juglar** et **cycles de Kitchin**).

- **Les cycles longs** : l'observation des fluctuations de l'activité économique sur le long terme a permis de mettre en évidence des mouvements réguliers d'expansion longue (dite « phase A » du cyle et de dépression longue (dite « phase B » du cycle) d'une cinquantaine d'année au total (**cycles de Kondratieff**) ; la crise des années trente correspond par exemple à une phase décroissante du mouvement et les Trente glorieuses à la phase ascendante du mouvement suivant.

2 L'interprétation des cycles

- L'explication des cycles de Kitchin : ces cycles reposent sur les comportements de stockage et de déstockage des entreprises. Lorsqu'elles sont optimistes (anticipation d'une forte demande), elles produisent trop et les stocks enflent lorsque la demande n'est pas au rendez-vous, conduisant à une moindre production à la période suivante et donc à des déstockages lorsqu'il s'agit de répondre à la demande. Ces cycles s'expliquent donc par la tendance excessive à l'optimisme en période d'expansion, au pessimisme en période de récession.
- L'explication des cycles de Juglar : là encore, les anticipations des entreprises jouent un rôle essentiel, non pas sur les comportements en matière de stockage et de déstockage, mais en matière d'investissement. L'excès d'optimisme en période d'expansion conduit à un surinvestissement pour étendre les capacités de production (forte demande de capital qui s'adresse aux entreprises) et à une chute brutale de l'investissement lorsque le surinvestissement est révélé (un faible taux d'utilisation des capacités de production en résulte).
- L'explication des cycles de Kondratieff : un cycle économique débute avec l'émergence d'une innovation majeure (les progrès du chemin de fer et de la métallurgie) qui se diffuse en grappes d'innovations à l'ensemble de l'économie (l'électronique a par exemple conquis la construction mécanique comme le montre le secteur automobile). La phase A de diffusion de l'innovation s'accompagne d'un processus de destruction créatrice en vertu duquel les nouveaux produits, marchés et processus de production remplacent les anciens. À cette phase de 25 ans succède une phase de durée équivalente marquée par l'épuisement de l'exploitation de l'innovation majeure et l'apparition d'une nouvelle qui marque le début du cycle suivant.
- Des cycles sectoriels peuvent aussi avoir des effets d'entraînement importants sur le reste de l'activité économique : c'est le cas du cycle de l'immobilier qui se caractérise par un emballement des prix qui pousse à de nouvelles constructions faisant croître l'offre de manière démesurée par rapport à la demande, appelant une correction par la baisse des prix, jusqu'à ce que celle-ci atteigne un point bas susceptible d'intéresser à nouveau les investisseurs, etc.
- Des cycles saisonniers trouvent leur origine dans les variations des conditions météorologiques, lesquelles agissent dans l'agriculture ou le tourisme par exemple. Cela permet également de distinguer les causes exogènes des crises (météo peu favo-

rable par exemple pour des pays dont la production est essentiellement agricole) des causes endogènes à l'activité économique, c'est-à-dire liées au comportement même des acteurs économiques (le cas des cycles de Juglar et de Kitchin par exemple).

3 Cycles économiques et cycles politiques

Des auteurs comme James Buchanan et Gordon Tullock, de l'Ecole du public Choice, considèrent que les hommes politiques sont des êtres rationnels comme on le suppose de n'importe quel être humain en théorie économique. En ce sens, ils recherchent toujours la maximisation de leur satisfaction personnelle. Bien entendu, cette satisfaction personnelle passe par la maximisation de la satisfaction des électeurs, puisque les élus souhaitent être reconduits, par le vote, dans leurs fonctions.

Cependant, devant la méconnaissance des dossiers économiques dont font preuve les électeurs, il est tentant pour les élus de pratiquer des politiques économiques de relance de l'activité économique juste avant les élections. En effet, les effets positifs sur l'emploi se font ressentir bien avant les élections, alors que les effets négatifs sur les finances publiques n'apparaissant qu'après. Après l'élection, justement, l' « état de grâce » dont bénéficie l'élu lui permet toujours de prendre des mesures de stabilisation de l'activité pour redresser les finances publiques. Aussi, toujours selon les tenants de cette thèse, on pourrait observer une corrélation entre les cycles économiques et les cycles politiques, corrélation selon laquelle les périodes d'avant élection se caractériseraient par des taux de croissance plus élevés. Les études d'Alberto Alesina (1988) ont toutefois montré que, si effectivement le taux de croissance est plus élevé dans la dernière année du mandat d'un président américain, la différence d'avec le taux de croissance de la première année du mandat est assez faible.

Enfin, on comprend aisément que les cycles économiques soient en grande partie orientés par les actions de politiques économiques, lesquelles ont justement pour vocation d'être « contracycliques ». Les politiques de « *stop and go* » de l'administration britannique dans les années 1960 illustrent assez bien cela : lorsque l'activité économique est trop forte, et risque de provoquer de l'inflation, le gouvernement pratique une politique de stabilisation qui consiste à freiner l'expansion de la demande par des politiques monétaires et budgétaires restrictives (« *stop* »). Il en résulte, au bout de quelque temps, un ralentissement de la production qui risque de créer du chômage supplémentaire... que l'on cherche alors à combattre en menant des politiques monétaires et budgétaires expansionnistes (« *go* »).

Application

Le mécanisme des cycles conjoncturels.

Corrigé

Il s'agit ici de présenter les enchaînements logiques qui conduisent aux différentes étapes du cycle : expansion, retournement, récession, dépression, reprise.

Schéma d'un cycle

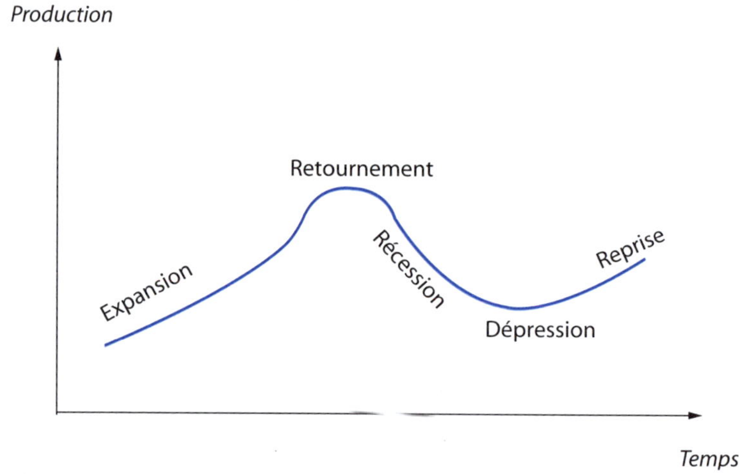

- **L'expansion** : les entreprises empruntent, investissent, embauchent ; le chômage diminue.
- **Le retournement** : des hausses de salaires qui risquent de peser sur les profits, une plus grande prudence des banques face aux excès de l'investissement, une hausse des taux d'intérêt, des tensions inflationnistes.
- **La récession** : ralentissement de la consommation et de l'investissement, faillites d'entreprises et aggravation du chômage.
- **La dépression** : l'assainissement de la situation des entreprises s'achève, les moins performantes ont disparu ; les salaires stagnent.
- **La reprise** : l'allégement des charges salariales permet un rétablissement des profits qui autorise de nouveaux investissements.

Au total, on constate que les cycles de conjoncture sont en grande partie liés aux évolutions de l'investissement.

La monnaie 18

Principes clés

- **L'économie contemporaine est monétaire**. Les opérations de production, de consommation, d'investissement, d'épargne ne se conçoivent pas sans cet instrument particulier qu'est la monnaie.
- Au départ simple marchandise suffisamment universelle pour être acceptée en paiement, la monnaie a aujourd'hui un rôle qui dépasse largement celui d'**intermédiaire dans les échanges**, elle est aussi une **unité de compte** et un instrument de **réserve de valeur**.
- La monnaie a changé de forme, elle s'est progressivement **dématérialisée**. Aujourd'hui, la majeure partie de la monnaie est **scripturale**, c'est-à-dire immatérielle. Pour les échanges, de nouveaux **moyens de paiement** sont apparus, dont les plus récents sont informatisés.
- La notion de **masse monétaire** évoque la comptabilisation de toutes les unités monétaires. Son périmètre dépend des définitions retenues. Certains placements ont en effet rendu plus floue la frontière entre les **actifs monétaires** et les autres.
- Depuis le 1er janvier 1999, l'**euro** a remplacé le franc pour un certain nombre d'opérations monétaires. Le basculement définitif s'est produit en 2002 avec l'introduction des pièces et billets en euros.

1 Les fonctions de la monnaie

- **La monnaie favorise les échanges** : la fonction première de la monnaie est de servir d'**intermédiaire dans les échanges**. Elle dissocie le troc en deux opérations distinctes : marchandise contre monnaie et monnaie contre marchandise. Elle permet ainsi d'éviter les inconvénients liés au troc, notamment le risque de blocage de l'échange faute de contractant et les coûts d'attente et de stockage. Cependant, la monnaie dépasse souvent ce rôle d'intermédiaire pour devenir l'objet même de certains échanges. Par la distribution des revenus, l'épargne, les placements, les marchés de capitaux, la monnaie circule et entraîne de nouvelles opérations.
- **La monnaie améliore la mesure de la valeur** : la monnaie est l'**unité de mesure de la valeur**. Les prix sont exprimés en monnaie, qui est l'équivalent universel, le numéraire, c'est-à-dire le bien qui permet de « nombrer » les autres biens. La fonction d'unité de compte de la monnaie permet d'abandonner le système complexe des prix relatifs et donc de simplifier l'information.

- **La monnaie peut servir de réserve de valeur** : de par sa fonction d'intermédiaire dans les échanges, la monnaie sert de réserve de pouvoir d'achat. En conservant de la monnaie dans leur patrimoine, les agents économiques en font un « actif ». Elle se caractérise alors par sa **liquidité** : c'est l'actif le plus disponible, sans coût et sans délai. La détention d'actifs financiers par des agents économiques permet de satisfaire le besoin de financement des autres. Les institutions financières gèrent la collecte de l'épargne et sa transformation.
- Pour les **classiques** et les **néoclassiques**, la détention de monnaie est seulement fonction du montant des transactions envisagées. Pour **Keynes**, au contraire, la monnaie peut être désirée pour elle-même. Trois motifs peuvent, selon lui, expliquer que les agents économiques éprouvent une **préférence pour la liquidité** : les transactions, la précaution et la spéculation. Pour Keynes, le taux d'intérêt est une variable déterminante dans l'arbitrage entre les actifs monétaires et les autres.
- Au-delà des fonctions économiques de la monnaie, on lui reconnaît également une **fonction sociale** de canalisation de la violence. En substituant les échanges marchands au pillage et au vol, elle permet de limiter les violences physiques en concentrant les efforts des individus vers la recherche de monnaie plutôt que vers l'appropriation des biens d'autrui.

2 Les formes de la monnaie

- **La dématérialisation de la monnaie** apparaît dans ses formes successives : monnaies-marchandises, métaux précieux, billets, pièces, monnaie scripturale.
- Les premières monnaies, des **monnaies-marchandises** (bétail, coquillages, thé…) avaient une utilité et une valeur intrinsèque indépendantes de leur rôle monétaire. Les métaux précieux, inaltérables, divisibles et rares, sont d'abord, sous leur forme pesée, une forme de monnaie-marchandise (bijoux, vaisselle…). Frappés du sceau de l'autorité, **pièces et lingots d'or et d'argent** deviennent une monnaie à part entière.
- Dès le Moyen Âge, pour limiter le coût et les risques liés au transport d'or et d'argent, les marchands achètent et vendent par inscription sur des comptes. C'est le début de la **monnaie scripturale**, une monnaie immatérielle faisant intervenir les « banquiers », qui reçoivent les dépôts de monnaie matérielle, les inscrivent sur des comptes et mettent des **moyens de paiement** (virements, traites, puis chèques) à la disposition des titulaires de ces comptes.
- Avec les certificats de dépôt d'or apparaît la **monnaie fiduciaire**, basée sur la confiance vis-à-vis de l'émetteur puisque le moyen de paiement est en papier. Avec la constitution des banques centrales, ils deviendront les **billets de banque** et finiront par devenir inconvertibles.
- **Aujourd'hui, la monnaie est essentiellement scripturale** : les dépôts à vue dans les banques représentent l'essentiel des moyens de paiement. Les monnaies fiduciaire (billets) et divisionnaire (pièces) subsistent pour les paiements de faible montant.

- **Les moyens de paiement en monnaie** scripturale sont nombreux. Le chèque connaît depuis quelques années un sérieux recul comme mode de paiement. Les banques tentent de lui substituer des instruments moins coûteux en traitement : cartes, virements, etc. Les moyens de paiement s'automatisent et se dématérialisent au profit de traitements informatiques.

3 La masse monétaire

- **Délimitation de la masse monétaire** : la masse monétaire regroupe l'ensemble des formes de monnaie. Elle inclut donc les **moyens de paiement** : pièces, billets, dépôts à vue, permettant de régler les dettes immédiatement. Cette première définition est aisée et objective. Mais la masse monétaire inclut aussi les **actifs liquides**, qui répondent à la fonction de réserve de valeur de la monnaie. La délimitation est alors plus difficile tant est devenue floue la frontière entre les actifs liquides et les actifs financiers.
- Depuis l'introduction de l'euro et la mise en place de la banque centrale européenne, la Banque de France surveille la contribution de la France aux évolutions de troix grands agrégats M1, M2, M3.

M1	**808**
+ Dépôts à terme et comptes sur livrets	747
= M2	**1 555**
+ Titres de créances négociables	358
= M3	**1 913**

Source Banque de France (chiffres d'octobre 2016 en milliards d'euros).

- **L'évolution de la masse monétaire** à long terme fait apparaître une montée des actifs monétaires au détriment des formes plus liquides. Les innovations monétaires des années quatre-vingt ont joué un rôle déterminant dans cette évolution. À plus court terme, la masse monétaire varie en fonction de l'activité économique. La relation est à double sens : des transactions importantes nécessitent une plus grande quantité de monnaie, une monnaie abondante permet un montant de transaction plus important.

4 Monétique, cartes de paiement et monnaie électronique

- Le terme **monétique** désigne l'ensemble des moyens électroniques et informatiques mis en œuvre dans les relations monétaires. Il désigne à la fois l'informatisation des transactions (virements, prélèvements) mais aussi le développement des moyens de paiement informatiques sous forme de cartes.

- L'utilisation des **cartes de paiement** est un moyen de plus en plus utilisé. Il permet d'automatiser les paiements aux commerçants, de différer le débit, de supprimer le traitement de supports papier. Mais **il ne s'agit pas d'une nouvelle forme de monnaie** puisque le siège de la monnaie reste le compte titulaire. C'est donc simplement un **moyen de paiement électronique** en monnaie scripturale.
- Le projet de **porte-monnaie électronique** ne relève pas de la même logique. Il s'agit de cartes à puces prépayées pouvant être utilisées auprès d'un grand nombre de prestataires (à la différence des cartes téléphoniques). Dans ce cas, l'encours stocké en mémoire se distingue de la monnaie scripturale et de la monnaie fiduciaire. On pourrait alors à juste titre parler de **monnaie électronique**.

Application

Comment expliquer l'évolution des différents agrégats monétaires ?

Corrigé

- L'évolution des différents agrégats s'explique pour différentes raisons parmi lesquelles on peut citer les mesures fiscales qui peuvent favoriser un placement par rapport à un autre, les innovations financières et monétaires donnant naissance à des titres plus attractifs ou bien encore l'état des marchés financiers (évolution favorable ou défavorable) qui stimulera ou freinera des placements sur le long terme. Ainsi, en 1998, l'agrégat monétaire M3 a progressé de 2,7 % du fait de l'attractivité plus forte des titres à court terme émis par les institutions financières par rapport au placement dans des livrets (M2).
- D'une façon plus générale, au cours des vingt dernières années, on observe sous l'influence des innovations monétaires une transformation de la structure de la masse monétaire au profit des actifs les moins liquides. Jusqu'en 1993, la croissance de M2 et M3 parmi l'ensemble des agrégats est la plus importante. En revanche, à partir de 1993, un certain nombre de mesures fiscales moins favorables aux titres sur le court terme, provoquent un accroissement de M1 et de l'épargne sur livret (M2)
- Il ne faut pas non plus négliger le rôle joué par la conjoncture économique. Ainsi, M3 a-t-il connu une phase de contraction au cours de l'année 2009 qui s'explique par le contexte de crise, pour enregistrer un redémarrage l'année suivante, redémarrage que l'on peut attribuer aux espoirs de reprise.

La création monétaire 19

Principes clés

- La création de monnaie se fait à travers toutes les opérations qui contribuent à l'**augmentation de la masse monétaire** en circulation. Connaissant la composi-tion essentiellement scripturale de cette masse monétaire, il apparaît que la **création monétaire repose sur des écritures en comptes** et fait intervenir les banques, la fabrication de billets n'étant qu'un aspect marginal de la création monétaire.
- La création de monnaie a pour principale origine la **distribution de crédits par les banques**, qui peuvent littéralement « multiplier la monnaie ». Mais d'autres agents financiers peuvent en faire de même.
- La **banque centrale** joue un rôle déterminant dans le processus de création monétaire. Elle y participe, en créant la **monnaie centrale**, et elle le contrôle, en limitant les émissions de crédits. Depuis 1999 et l'entrée en vigueur de l'euro, c'est la **Banque centrale européenne** (BCE) qui contrôle l'émission monétaire dans les douze pays concernés. L'euro est devenu la seule monnaie centrale dans ces pays.

1 Le mécanisme de la création monétaire

- **Le principe de la création de monnaie** : consiste en la mise à disposition des agents économiques de moyens de paiements totalement nouveaux. Seuls les **agents financiers**, habilités à gérer les moyens de paiement scripturaux, peuvent réaliser cette opération. Il leur suffit d'inscrire une somme sur le compte d'un agent non financier pour créer une monnaie scripturale supplémentaire. Cette inscription se fait en **contrepartie d'une créance**, c'est-à-dire en échange d'une promesse de remboursement ultérieur.
- La création de monnaie par les agents financiers consiste donc à **transformer des créances en moyens de paiement**. À l'échéance de ces créances, il y a destruction fr monnie. À tout moment, la masse monétaire est donc constituée de la différence entre la monnaie créée et la monnaie détruite.

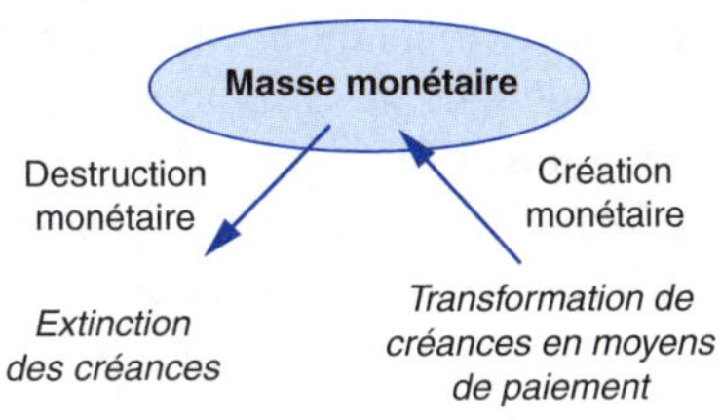

- **Les contreparties de la masse monétaire** : ce sont les créances en contrepartie desquelles la monnaie est émise. Les crédits à l'économie, accordés par les banques aux particuliers et aux entreprises, représentent plus de 80 % des contreparties. Les créances sur le Trésor, deuxième contrepartie, varient en fonction des choix financiers du budget de l'État. Les créances sur l'extérieur, solde des échanges avec le reste du monde, sont une contrepartie positive ou négative (destruction monétaire) de la masse monétaire.

- **La monnaie centrale** : la banque centrale transforme également certaines créances des banques et du Trésor en moyens de paiement : **billets de banque et comptes courants à la banque centrale** des agents financiers et du Trésor. Cette monnaie, la monnaie centrale, ne fait que partiellement partie de la masse monétaire puisque ni les sommes inscrites aux comptes des banques et du Trésor à la banque centrale ni les billets en caisse dans les banques ne représentent de la monnaie en circulation. La monnaie centrale est pourtant **hiérarchiquement supérieure**. Elle conditionne la quantité de monnaie scripturale créée par les banques.

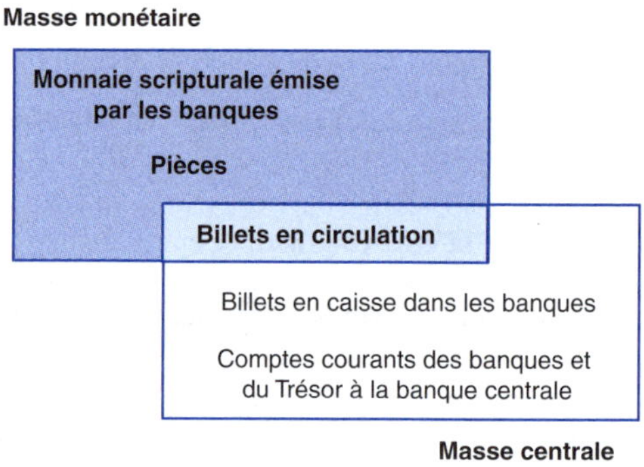

2 Les acteurs de la création monétaire

- **La création de monnaie scripturale par les banques** : lorsqu'une banque accorde un crédit à son client et verse la somme sur son compte, elle augmente à la fois l'actif (créance sur le client) et le passif (compte du client) de son bilan. Elle crée donc de la monnaie *ex nihilo*. En revanche, on ne peut pas parler de création monétaire lorsque la banque prête des ressources qu'elle a collectées auparavant.

- **La banque centrale** ne crée paradoxalement qu'assez peu de monnaie. Disposant du **monopole de l'émission des billets**, elle les met à la disposition des banques contre de la monnaie centrale (compte courant des banques) en fonction des besoins de leurs clients, contribuant ainsi à la masse monétaire. Mais on sait que les billets ne représentent qu'une faible partie de la masse monétaire en circulation. La banque centrale crée de la monnaie quand elle accorde des **avances au Trésor**. En finançant ainsi l'État, qui utilise cette monnaie pour payer les fonctionnaires, régler ses dépenses, en la mettant donc à la disposition des agents non financiers, la banque centrale augmente la masse monétaire en circulation. Par ailleurs, la banque centrale crée de la monnaie à travers les **achats de devises étrangères** aux banques et aux particuliers : elle transforme une créance sur l'extérieur en moyen de paiement.

- **Le rôle du Trésor dans la création monétaire** est essentiellement un rôle d'orientation. En effet, c'est lui qui choisit la part des besoins de l'État qui sera financée par création monétaire. Dans ce cas, il fait appel à la banque centrale ou aux banques. Par contre, lorsqu'il vend des obligations (bons du trésor) aux agents non financiers, il ne crée pas de monnaie puisqu'au contraire, il transforme des moyens de paiement en créances. En gérant le circuit des comptes chèques postaux, le Trésor est amené à régler certaines dépenses de l'État par inscription sur ces comptes, et à créer ainsi de la monnaie scripturale.

3 Les limites de la création monétaire

- **Les limites de la demande de la monnaie** : la demande de crédits aux banques, principale source de création monétaire, n'est pas toujours croissante. Deux facteurs au moins peuvent contribuer à sa réduction : la faiblesse de l'activité économique et la préférence des agents, et des entreprises en particulier, pour des **financements non monétaires**. En outre, les créances sur le Trésor et sur l'extérieur fluctuent en fonction du déficit budgétaire et du solde de la balance des paiements.
- **La limitation de l'offre de crédits par les banques** : plusieurs phénomènes limitent les banques dans leur création monétaire. Elles doivent tout d'abord être en mesure de procurer à leur clientèle les **billets** qu'elle demande. Elles doivent ensuite conserver sur leur compte courant à la banque centrale des **réserves obligatoires**, non rémunérées. Elles doivent enfin faire face au règlement des **compensations interbancaires** issues des paiements des clients des différentes banques. Les banques sont donc contraintes à une certaine **liquidité**, c'est-à-dire à disposer d'une quantité suffisante de **monnaie centrale**.
- **Le principe du multiplicateur de crédit** relie les crédits que les banques peuvent accorder à la quantité de monnaie centrale dont elles disposent. Ainsi, l'augmentation de la masse monétaire serait un multiple de l'augmentation de la monnaie centrale, multiple d'autant moins grand que le taux de réserves obligatoires et les demandes de billets sont élevés. **Ce principe est aujourd'hui contesté** dans son pouvoir explicatif des mécanismes de création monétaire tant le refinancement par la banque centrale est aujourd'hui une conséquence de l'émission de crédits et non l'inverse.

4 Liquidité bancaire et politique monétaire

- **La contrainte de liquidité bancaire** limite la création de monnaie scripturale. En effet, l'émission de crédits par une banque ne se traduit pas intégralement par des dépôts dans la banque, des « fuites » se produisent, dont le règlement ne peut se faire qu'en **monnaie centrale**.
- La **demande de billets** constitue une première fuite. Elle correspond aujourd'hui à environ 20 % des dépôts et dépend essentiellement des habitudes des entreprises

et des particuliers en matière de paiement. Les banques tentent en permanence de réduire le taux de paiement en liquide au profit de paiements en monnaie scripturale. En principe, les **paiements interbancaires** sont proches de l'équilibre. En effet, les paiements effectués et reçus par une banque dépendent de l'étendue de sa clientèle et sont proches l'un de l'autre.

- Ces fuites, indépendantes de la politique monétaire, obligent les banques à disposer de monnaie centrale pour émettre des crédits. L'intervention de banque centrale est double : elle peut accroître le besoin de monnaie centrale et elle influence le coût d'obtention de la monnaie centrale.
- Dans le cadre de la **politique monétaire**, la banque centrale fixe le taux des **réserves obligatoires** (aujourd'hui très réduite) et intervient sur le marché monétaire pour favoriser ou restreindre le **refinancement** des banques en agissant sur le taux d'intérêt du refinancement. Elle contrôle leur liquidité, donc leurs possibilités de création monétaire.

Application

Dans quelle mesure la banque centrale limite-t-elle la création monétaire ?

Corrigé

- Nous l'avons vu, la banque centrale a le monopole de l'émission des billets. De ce fait, les banques devront se fournir auprès d'elle pour pouvoir faire face à la demande de leurs clients. Il en va de même pour les devises achetées auprès de la banque centrale.
- Par ailleurs, les dettes et les créances que les banques détiennent entre elles feront l'objet d'une compensation. Cette compensation s'effectue sous forme de virements dans les comptes courants des banques à la banque centrale.
- On voit alors apparaître une forme de monnaie, la monnaie centrale composée des billets et des avoirs des banques dans leurs comptes courants à la banque centrale. Entre la masse monétaire et la monnaie centrale, il existe un lien direct puisque les billets appartiennent aux deux formes de monnaie.
- Cependant, l'alimentation des banques en monnaie centrale va leur permettre d'accorder des crédits plus facilement et donc de créer de la monnaie. Ce mécanisme est connu sous le nom de multiplicateur de crédit, exprimant, ainsi, l'idée que l'augmentation de la masse monétaire est un multiple de l'augmentation de la monnaie centrale. Mais la banque centrale limite l'effet multiplicateur et donc la création monétaire en imposant aux banques des réserves obligatoires, dépôts non rémunérés laissés par chaque banque sur son compte courant.
- Les opérations de refinancement ne se déroulent pas uniquement entre la banque centrale et les banques. Ces dernières peuvent s'échanger leurs excédents et leurs déficits de trésorerie sur le marché monétaire et plus précisément sur le marché interbancaire. La banque centrale n'est pas absente de ce marché où s'échange de la monnaie centrale et ces interventions consistent alors à injecter ou à retirer des liquidités.

Le financement de l'économie 20

Principes clés

- Dans l'exercice de leur activité, les agents économiques ont des besoins de financements (achats aux fournisseurs, investissements, consommation...) et des ressources financières (produit des ventes, revenus, épargne antérieure...). En faisant le solde des besoins et des ressources, on constate que certains agents ont un besoin net de financement alors que d'autres dégagent une capacité de financement.
- **Les circuits de financement de l'économie** permettent de satisfaire les besoins de financement des agents économiques grâce aux capacités de financement et à la création monétaire :

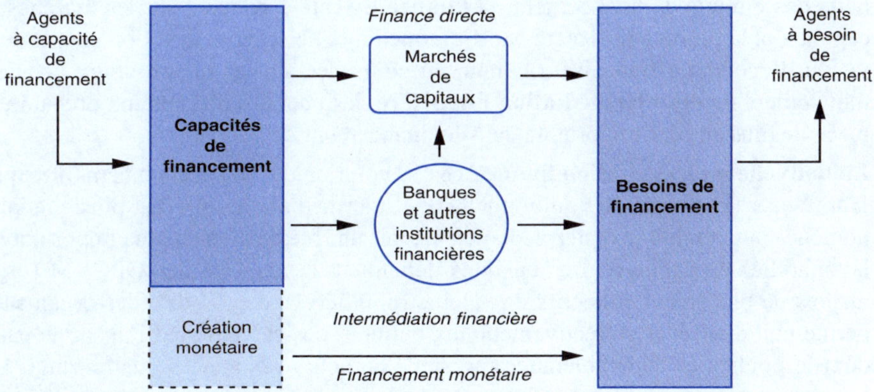

- **Les banques** participent bien sûr à ces circuits puisqu'elles créent l'essentiel de la monnaie nouvelle et gèrent une partie de l'épargne existante, mais elles n'en détiennent pas le monopole. D'une part, d'autres institutions financières jouent comme elles un rôle d'**intermédiation**. Et, d'autre part, les agents déficitaires peuvent émettre directement à destination des agents excédentaires des titres financiers, qui seront vendus sur les **marchés de capitaux**.
- Le **financement monétaire** correspond à la création monétaire et le **financement non monétaire** utilise les capacités de financement existantes. La **finance directe** se fait par émission de titres sur les marchés de capitaux et l'**intermédiation financière** fait intervenir les banques et les autres institutions financières.

1 Évolution du financement de l'économie et désintermédiation financière

- **Le rôle du système financier** a largement évolué en France depuis le début des années quatre-vingt-dix. Auparavant, les entreprises avaient structurellement un besoin net de financement alors que les ménages dégageaient des ressources et que la situation financière de l'État était proche de l'équilibre. La situation actuelle est sensiblement éloignée de ce modèle. Aujourd'hui, les sociétés dégagent une capacité de financement significative alors que les administrations publiques éprouvent un fort besoin de financement.

Endettement en pourcentage du PIB

	2004	2015
Ménages	38,0	55,9
Sociétés non financières	50,1	69,0
Administrations publiques	65,7	96,2

Banque de France ; Insee, compte nationaux – base 2010.

- **L'évolution du rôle des intermédiaires financiers** : dans la conception traditionnelle des circuits de financement, la **finance directe** s'effectue sur les marchés de capitaux et la **finance indirecte** par l'intermédiaire des banques. Si l'on adopte cette vision, l'économie française a connu, au cours des années quatre-vingt, un vaste mouvement de **désintermédiation financière**, les marchés de capitaux prenant une place de plus en plus importante dans le financement de l'économie.
- **La nouvelle intermédiation financière** : l'évolution des financements montre qu'il faut réviser la conception traditionnelle de l'intermédiation. En effet, plusieurs phénomènes ont conduit les intermédiaires à avoir un rôle de plus en plus important sur les marchés de capitaux. Les banques détiennent la majorité des OPCVM (organismes de placement collectifs en valeurs mobilières), c'est-à-dire des organismes permettant d'accéder collectivement aux marchés des capitaux par l'achat de parts, dont le poids a considérablement augmenté au cours des années quatre-vingt. Les banques émettent des titres sur les marchés de capitaux (marché monétaire en particulier), elles prennent des participations dans le capital des entreprises. Pour toutes ces raisons, il est de plus en plus difficile d'opposer le financement par les banques et la finance directe.

2 Le financement par les marchés de capitaux

L'**organisation du financement par le marché** : trouver un financement sur les ·rchés consiste à **vendre des titres financiers** à des personnes disposant de capa- ·le financement. Différents marchés de capitaux permettent l'obtention de différents types de financements selon la nature du titre, sa durée, son montant. Il faut distinguer le **marché monétaire**, où s'échangent des actifs monétaires, c'est-à-dire des titres de créance à court et moyen terme, et le **marché financier** où circulent les titres à long terme.

- **Le marché monétaire** : il est constitué depuis 1985 de deux compartiments. D'une part, le **marché interbancaire**, réservé aux institutions financières pour le refinancement : la banque centrale y refinance les banques en prenant leurs créances en pension ou sur appel d'offre. D'autre part, le **marché des titres courts** (marché des titres de créance négociables à court terme), ouverts aux agents non financiers : les sociétés peuvent y émettre des billets de trésorerie, le Trésor public des bons du Trésor négociables, les banques des certificats de dépôt. Malgré l'ouverture, les institutions financières constituent les acteurs les plus actifs du marché des titres courts et elle a surtout permis aux banques de se refinancer par appel à de nouveaux prêteurs (sociétés d'assurance, caisses de retraite, OPCVM...) et à l'État de se procurer des sources de financement supplémentaires.
- **Le marché financier** permet l'émission de titres à long terme (actions et obligations), mais aussi leur vente. Certains titres sont proposés au public, le marché financier est alors désigné sous le terme de Bourse. Le marché financier assure les financements à long terme. Deux grands types de financement peuvent y être obtenus : des capitaux propres lorsqu'il s'agit d'**actions**, des capitaux empruntés lorsqu'il s'agit d'**obligations**. La caractéristique du marché financier est de permettre la revente de ces valeurs mobilière sur un **marché secondaire**. Marché primaire et marché secondaire sont liés car la réussite des émissions dépend largement des possibilités de reventes des titres. Au cours des années quatre-vingt, le marché financier a pris une grande importance dans le financement de l'économie française grâce à la déréglementation et à l'apparition de nouvelles formes de titre (titres participatifs, obligations convertibles, actions à bons de souscription...).

3 Le financement indirect par les crédits

- **Le rôle du crédit** : lorsque les banques accordent des crédits, elles permettent aux agents économiques de financer des activités de production, de consommation d'investissement. Mais les banques peuvent aussi recevoir des dépôts, c'est-à-dire des ressources financières inemployées. L'**intermédiation** des établissements de crédits dans le financement de l'économie permet d'ajuster les capacités de financement aux besoins. En effet, les intermédiaires peuvent transformer un grand nombre de placement de court terme en un seul prêt à long terme.
- **L'organisation du crédit en France** : les **banques** en sont les principaux organes. Elles sont seules habilitées à recevoir les dépôts, donc à créer de la monnaie nouvelle. Mais d'autres établissements distribuent du crédit sans recevoir de dépôts : **les sociétés financières et les institutions financières spécialisées**, dont l'activité est limitée à certains types de financements. La plupart sont d'ailleurs des filiales de banques.

- **L'évolution du financement par crédit** : les crédits financent aujourd'hui à part sensiblement égale les sociétés et les ménages, à la fois pour leurs besoins de court terme (trésorerie) et de long terme (investissements, habitat). Les établissements de crédit indexent de plus en plus le taux d'intérêt des crédits qu'ils accordent sur les taux d'intérêt du marché monétaire. En effet, les banques « achètent » le plus souvent sur ce marché l'argent qu'elles prêtent. On constate néanmoins des écarts de taux en fonction de l'échéance et en fonction de l'emprunteur. Le montant du crédit distribué dépend de nombreux facteurs : situation économique, politique de financements des entreprises et de l'État, taux d'investissement, trésorerie des ménages…

4 Les mutations des marchés financiers

Le marché financier n'a plus aujourd'hui d'existence physique, les cotations se font dorénavant sur des plateformes électroniques. Ce nouveau mode de fonctionnement permet des rapprochements entre différentes bourses internationales. Ainsi, en septembre 2000, les bourses de Paris, de Bruxelles et d'Amsterdam ont fusionné pour donner naissance à un nouveau groupe, Euronext, auquel se sont jointes les bourses de Porto et de Lisbonne. De cette manière, un émetteur de titres peut choisir de s'introduire sur l'une des places financières mais en sachant que ses titres seront négociables par n'importe quel intermédiaire sur l'une des bourses appartenant au groupe.
Ces mouvements ne se limitent pas à l'espace européen. En 2007, un accord entre Euronext et le NYSE (New York Stock Exchange) est finalisé, le nouveau groupe se portant acquéreur du LIFFE (London International Financial Futures and options Exchange) en 2012. Toutefois, en 2013, NYSE Euronext est à son tour absorbé par ICE (International Exchange). La globalisation financière passe donc par une concentration des places boursières.

Application

En quoi les marchés financiers peuvent-ils imposer des contraintes aux décideurs économiques ?

Corrigé

La plupart des marchés de capitaux du monde fonctionnent aujourd'hui librement. Des fonds peuvent être placés dans n'importe quel marché monétaire ou financier, revendus le lendemain pour être placés dans un autre pays. Cela a entraîné une forte accélération des mouvements internationaux de capitaux. L'importance de ces mouvements impose aux gouvernements économiques d'importantes contraintes de politique économique.

- Les mouvements internationaux de capitaux influencent la valeur des monnaies. Lorsqu'un montant important de capitaux afflue vers un marché, la valeur de la monnaie nationale augmente car elle est très demandée. À l'inverse, quand les capitaux fuient un pays, le taux de change de la monnaie diminue. Les marchés de capitaux font donc peser sur les gouvernants économiques une contrainte liée à la valeur de la monnaie : il faut maintenir des taux d'intérêt élevés pour attirer les capitaux.
- Cette contrainte ne serait pas trop forte si l'économie pouvait se passer des capitaux étrangers. Ce n'est pas forcément le cas. Ainsi, en France, une part importante de la dette publique (sous forme de bons du Trésor) est détenue par des investisseurs étrangers. Ces investisseurs ne financent l'État que si le risque est acceptable et il ne l'est plus si la valeur de l'euro est menacée. Ces investisseurs demandent alors une rémunération encore meilleure des bons du Trésor, ce qui pèse sur le budget de l'État.

21 La balance des paiements

Principes clés

- Les nations comptabilisent les échanges avec l'extérieur pour comparer l'ampleur des flux d'entrée à celle des flux de sortie. Pour cela, elles élaborent un document comptable, conforme aux recommandations de l'ONU, la **balance des paiements**, qui enregistre les échanges de biens, de services et de capitaux au cours d'une période donnée (le trimestre, l'année). En France, ce document est établi par la Banque de France.
- La balance des paiements suit le principe de la comptabilité en partie double. Ainsi, une même opération est comptabilisée deux fois : en tant que **flux réel** et en tant que **flux monétaire**, contrepartie exacte de ce même flux réel. Par exemple, une vente de marchandises à l'étranger pour une somme de 1 000 euros est enregistrée d'un côté de la balance en tant qu'exportation (sortie de marchandises – flux réel), et de l'autre côté de la balance en tant qu'augmentation des réserves monétaires (entrée de monnaie – flux monétaire). Dès lors, on comprend qu'une balance des paiements est nécessairement équilibrée.

La balance des paiements se divise en comptes : Compte des transactions courantes, Compte de capital, Compte financier.

Présentation simplifiée de la balance des paiements

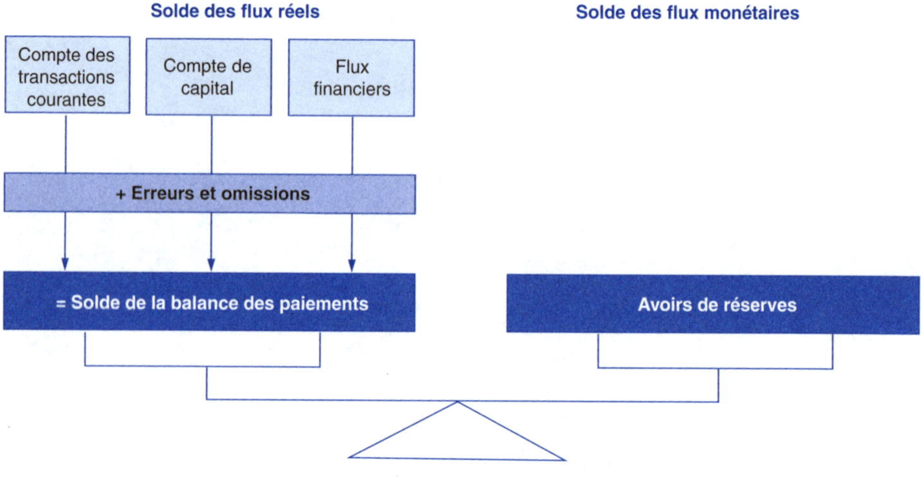

1 Le compte des transactions courantes

- **Les échanges de biens** : ils sont composés de l'ensemble des exportations et importations de marchandises, de l'avitaillement, et du négoce international, qui ont été enregistrés au cours d'une période de référence (mois, trimestre, année), entre l'économie nationale et l'extérieur. La différence entre les seules exportations et importations de marchandises permet d'obtenir le solde du **commerce extérieur**. Les exportations sont souvent comptabilisées à une valeur **FAB** (Franco A Bord), c'est-à-dire à la valeur du produit à sa sortie de l'usine majorée des coûts de transport jusqu'à la frontière du pays exportateur. Les importations sont en général comptabilisées **CAF** (Coût Assurance Fret compris) c'est-à-dire à la valeur FAB majorée des frais de transport et d'assurance à la frontière du pays importateur. Pour éviter de comptabiliser des services (transports, assurances) avec les marchandises, on préfère procéder à des enregistrements de type FAB/FAB.
- **Les échanges de services** : aussi appelés « invisibles », ils concernent les flux d'échanges avec l'extérieur dont, à l'inverse des marchandises, on ne perçoit pas le passage à la frontière. La différence entre les seules exportations et importations de services permet d'obtenir le solde de la **balance des services**. L'ensemble des invisibles qui procurent un gain de devises sont assimilés à des exportations, alors que les invisibles qui nécessitent des devises sont considérés comme des importations.
- **Les revenus** versés ou reçus de non-résidents : ils comportent, tout d'abord, des « Revenus primaires », lesquels regroupent les revenus des salariés, et les revenus des investissements (directs et de portefeuille) ; puis des « Revenus secondaires », en distinguant ceux des « administrations publiques » (prestations sociales, transferts courants, transferts vers les institutions de l'UE, frais de fonctionnement des institutions européennes) et ceux des « autres secteurs » (envois de fonds des travailleurs). Ces revenus secondaires sont des transferts unilatéraux, qui n'ont aucune contrepartie, comme les dons au profit de résidents d'autres pays. Dans ce cas, un flux monétaire est enregistré. Pour respecter le principe de la partie double, un enregistrement en contrepartie se fait à l'aide du poste « Revenus secondaires ».
- **Le solde des transactions courantes** : le **compte des transactions courantes** enregistre l'ensemble des flux de biens, de services, et de revenus, ainsi que les « Autres biens et services ». La part des flux de transactions courantes dans le total des flux de la Balance des paiements a considérablement diminué au cours des dix dernières années, comme l'illustre, à l'inverse, le poids très important acquis par les flux financiers. Cependant, les transactions courantes constituent un indicateur de performance de l'économie. Un pays dont le solde est excédentaire produit plus qu'il ne consomme et n'investit. La raison peut en être une forte demande en provenance de l'extérieur du fait d'une forte compétitivité prix et ou qualité. En outre, les devises dégagées grâce à l'excédent peuvent être investies à l'étranger et fournir, ainsi, des sources de revenus complémentaires.

• **Évolution du compte des transactions courantes** :

En milliards d'euros	2014	2015
Compte des transactions courantes	– 22,8	– 4,4
(en % du PIB)	– 1,1	– 0,2
1.1 Biens	– 40,5	– 24,1
1.2 Services	16,9	8,8
1.3 Revenus primaires	47,8	52
1.4 Revenus secondaires	– 47	– 41,1

2 Le compte de capital

• **Les transferts en capital** : ces transferts résultent de la crise de la dette des pays du tiers-monde qui ne peuvent honorer leurs engagements. Il s'agit de remises de dettes et de pertes sur créances accordés à ces pays. Ces transferts s'apparentent à des transferts unilatéraux dans le sens où ils n'ont aucune contrepartie.

3 Le compte financier

• **Les différents types de flux financiers** : on distingue tout d'abord des flux d'**investissements directs** (y compris les augmentations de capital) qui permettent la création ou la reprise, partielle ou totale, d'entreprises à l'étranger ou par des étrangers en France. En outre, les agents économiques procèdent également à l'achat de titres, actions et obligations, qui constituent des placements et sont considérées comme des **investissements de portefeuille**. Enfin, les agents économiques empruntent et prêtent à l'étranger à long terme (plus d'un an) ou à court terme à l'occasion d'exportations et d'importations (crédits commerciaux).

• La **comptabilisation des flux financiers** : aucune distinction n'apparaît entre le long et le court terme. En balance des paiements, les **mouvements de capitaux** sont appelés « **Flux financiers** » et, avec les transactions courantes, représentent l'ensemble des flux réels. Les flux monétaires, contrepartie exacte des flux réels, sont enregistrés dans un poste intitulé « **Avoirs de réserves** ». L'équilibre de la Balance des paiements est ainsi obtenu, aux « **Erreurs et omissions** » près. Le solde des flux financiers peut être lié au solde des transactions courantes (financement d'un déficit) mais est aussi souvent autonome (financement d'une jeune économie, attractivité des placements nationaux).

Application

Retrouver l'équilibre de la balance des paiements française en 2008, 2014 et 2015.

Balance des paiements* annuelles (en millions d'euros)			
	2008	2014	2015
Solde du compte des transactions courantes	– 33,7	– 22,4	– 4,4
Solde du compte de capital	0,7	2,2	2,1
Solde du compte financier	9,7	8,2	14,2
Erreurs et omissions	14,8	13,1	7,2
Augmentation des réserves de devises	–	– 0,7	– 7,2
Diminution des réserves de devises	8,5	–	–

* Puisque la balance des paiements est nécessairement équilibrée, dans une présentation en liste, une augmentation des réserves de devises est notée négativement et une diminution notée positivement.

Corrigé

	2008	2014	2015
Flux réels (transactions courantes + capital + flux financiers) + Erreurs et omissions	– 8,5	+ 0,7	+ 7,2
Flux monétaires (augmentation « + » ou diminution « – » des réserves de devises)	– 8,5	+ 0,7	+ 7,2

22 Les fondements de l'échange international

Principes clés

- **Le libre-échange** est une doctrine économique qui vise à limiter les obstacles à la circulation des biens, des services et des capitaux entre les économies nationales.
- **Le protectionnisme** est une doctrine économique qui a pour but de limiter l'accès aux marchés nationaux pour les étrangers. Les pratiques protectionnistes se divisent en mesures tarifaires visant à relever, par des droits de douanes, le prix des produits importés, et en mesures non tarifaires consistant à réglementer, en contingents, quotas ou normes, l'entrée des produits étrangers sur le sol national.
- Une **entreprise mondiale** est une entreprise qui organise et structure ses activités au niveau mondial. Elle ne considère pas son marché comme une juxtaposition de marchés nationaux cloisonnés, mais comme un marché mondial unique. **L'économie internationale**, qui fait référence aux échanges entre nations, et selon laquelle chaque nation produit chez elle pour exporter ensuite, laisse la place à une économie mondiale, c'est-à-dire faite d'entreprises mondiales.

1 Les explications libérales de l'échange international

Pour les auteurs classiques, partisans du libre-échange, l'échange international s'explique par la nécessaire **division du travail**, entre les nations, qui conduit à une production au moindre coût. Cependant, la réalité des échanges montre que les spécialisations ne sont pas si tranchées.

- **Selon Adam Smith** (1776), chaque pays a intérêt à se spécialiser dans les fabrications pour lesquelles il possède un **avantage absolu** par rapport aux autres nations, et s'approvisionner à l'extérieur à moindre coût pour les productions pour lesquelles il n'a aucun avantage. Cependant, Smith ne précise pas ce qu'il advient d'une nation qui n'a aucun avantage. Doit-elle vivre en autarcie ?
- **Selon Ricardo** (1817), la spécialisation est bénéfique à tous. Les nations sans avantage absolu doivent se spécialiser dans les productions pour lesquelles elles rencontrent le moindre désavantage (Ricardo parle d'**avantage comparatif**). Ain-

si, grâce à la division du travail, les richesses créées s'accroissent. Mais d'où proviennent les avantages comparatifs de chaque pays ?

- **Hecksher, Ohlin et Samuelson**, dans le cadre du **théorème HOS**, ou **loi des dotations en facteurs de production**, expliquent que les nations se spécialisent dans les fabrications qui incorporent le facteur de production le plus abondant (travail, capital, terre)). Ainsi, les pays en développement exporteraient des produits incorporant beaucoup de main-d'œuvre, alors que les pays développés exporteraient des biens nécessitant un capital important pour leur fabrication.
- **Le paradoxe de Léontieff**. En 1953, l'économiste Wassili Léontieff a voulu vérifier la loi des dotations en facteurs de production de Hecksher, Ohlin et Samuelson, en étudiant le commerce extérieur des États-Unis. A priori, le résultat devait montrer que les États-Unis exportaient des biens riches en capital et importaient des biens riches en main-d'œuvre. Pour cela, il a calculé les **coefficients capital/main-d'œuvre** pour les secteurs exportateurs et pour les secteurs soumis à la concurrence des importations. Or, les résultats ont montré que ce coefficient était plus élevé dans les secteurs soumis à la concurrence des importations que dans les secteurs exportateurs. Les États-Unis exportaient donc des biens à forte intensité de main-d'œuvre et importaient des biens à forte intensité de capital !
  Le paradoxe s'explique en grande partie par le fait que les États-Unis exportaient des biens qui incorporaient beaucoup de main-d'œuvre très qualifiée, en abondance aux États-Unis (recherche, étude, ingénierie).
- **Les échanges de similitude** constituent cependant l'essentiel de l'échange international. Il s'agit d'échanges de biens similaires (**commerce intrabranche**) entre pays à niveau de développement voisin, c'est-à-dire pour lesquels on n'observe pas de différences significatives dans les dotations en facteurs de production (la France exporte des automobiles vers l'Italie alors qu'elle en importe également). Selon **Linder** (1961), ceci s'explique par le fait qu'un produit est d'abord conçu pour satisfaire une clientèle nationale. Ensuite, lorsqu'il est exporté, il ne peut concerner que des nations dont les consommateurs ont un niveau de vie semblable pour se l'offrir. Enfin, selon **Bernard Lassudrie-Duchêne** (1971), le commerce intrabranche s'explique par une « **demande de différence** » de la part des consommateurs, dans la mesure où les produits échangés ne sont pas totalement identiques (vins italiens et vins français).

2 La tentation protectionniste

L'idée d'un échange international profitable à l'ensemble des nations y participant est contestable. Le libre-échange n'est pas toujours source d'accroissement des richesses dans le temps et dans l'espace. Il peut, en effet, constituer un obstacle au développement et, en outre, être source de domination entre les nations.

- Les effets du tarif douanier :

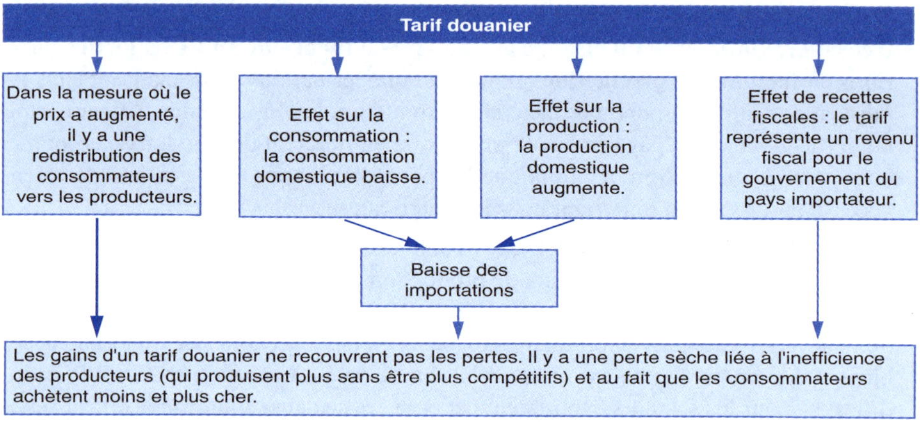

- **L'échange international, un obstacle au développement** : le protectionnisme consiste à faire payer un surcoût au consommateur, dans la mesure où les produits nationaux sont plus chers que les produits importés. Ce surcoût est légitime, pour **F. List**, dans la mesure où il va permettre l'émergence d'une industrie nationale. La **théorie de la protection des industries naissantes**, de List (1841), explique que ces dernières sont en effet pénalisées, face à la concurrence internationale, par le fait qu'elles ne bénéficient pas encore d'économies d'échelle suffisantes. Une protection douanière est donc nécessaire.
- **La possibilité de rendements croissants** : l'ensemble des théories dites libérales est bâti autour de l'hypothèse de rendements d'échelles constants, c'est-à-dire que l'augmentation de la production ne conduit pas à une diminution des coûts unitaires. En réalité, Paul Krugman (1979) montre que les rendements d'échelle peuvent être croissants. Dans ce cas, l'antériorité d'une nation dans la fabrication d'un bien (effet d'expérience), ainsi que la taille de son marché intérieur, jouent un aspect non négligeable dans l'obtention d'un avantage comparatif.
- **L'échange international, un échange inégal** : la spécialisation s'opère bien souvent par l'intermédiaire d'entreprises multinationales qui s'implantent dans les pays du tiers-monde. Celles-ci obtiennent sur place des gains de productivité qu'elles consacrent, en grande partie, à la baisse des prix des produits qu'elles réexportent vers leurs pays d'origine. À l'inverse, les gains de productivité réalisés dans les pays d'origine sont en général répartis entre salaires et profits, au détriment des baisses de prix à l'exportation vers les pays du tiers-monde. En somme, ces pays sont conduits à exporter davantage (les prix de leurs exportations baissent), et à travailler davantage, pour pouvoir importer une même quantité de biens. Selon **A. Emmanuel** (1972), il s'agit d'un **échange inégal** de facteur travail. On peut également ajouter qu'il n'est pas identique de se spécialiser dans la production et l'exportation de cacahuètes, que

dans la production et l'exportation de machines-outils, notamment parce que l'agriculture est rarement source d'externalités technologiques positives.

- **Le libre-échange détruit des emplois**, pour un pays comme la France, dans la mesure où les produits importés, qui remplacent les produits nationaux, contiennent plus d'emplois que les produits que nous fabriquons et exportons.
- **Une intervention de l'État souhaitable** : les travaux de Paul Krugman (1987), comme ceux de James Brander et Barbara Spencer (1983), défendent l'idée d'une intervention de l'État pour soutenir les entreprises nationales. Pour Brander et Spencer, l'État peut avoir intérêt à soutenir la recherche-développemment (R & D) des entreprises nationales, pour favoriser l'innovation, dans le cadre d'une « **politique commerciale stratégique** ». En effet, l'avantage comparatif d'une nation provient souvent des connaissances accumulées par ses entreprises à travers la R & D et l'expérience. Cependant, la R & D possède les caractéristiques d'un bien public, générateur d'effets externes. Les résultats de la R & D profitent à d'autres agents économiques que celui qui en est à l'origine, dans le cadre de la diffusion du progrès technique. Aussi, les entreprises seront-elles réticentes à investir dans ce domaine, préférant attendre que d'autres entreprises le fassent et bénéficier du progrès technique à moindre frais. Elles adoptent alors un comportement de « **passager clandestin** ». Toutes les entreprises raisonnant de la sorte, le processus d'émergence des innovations, et donc des avantages comparatifs pour la nation, se trouve bloqué. L'intervention de l'État semble nécessaire, sous forme de subvention, et de protection de la propriété industrielle, pour que la rentabilité de l'investissement en R & D de l'entreprise soit assurée.

3 Le rôle des firmes et l'économie mondialisée

- **L'organisation des firmes au niveau mondial** : les entreprises mondiales délocalisent des étapes de leurs processus de production. Bernard Lassudrie-Duchêne parle à cet égard de **Décomposition Internationale des Processus Productifs (DIPP)**. À l'origine, ce sont les pratiques protectionnistes qui ont amené les entreprises à substituer des investissements internationaux aux échanges, la mobilité des facteurs de production (le capital) suppléant la mobilité des biens. En outre, l'homogénéisation des modes de vie à travers la planète a fait ressortir une demande mondiale, elle aussi homogénéisée, et donc une production mondiale qui peut bénéficier d'économies d'échelle.
- **L'émergence d'un commerce fermé** : la DIPP a engendré des flux de biens et services entre les filiales des groupes mondiaux. Se développe alors un **commerce fermé**, ou **commerce intrafirme**, qui échappe à la logique du marché et aux explications des théories traditionnelles sur l'échange international. Près du tiers du commerce international s'explique aujourd'hui par ces flux internes de biens et services. Le prix n'est donc plus un prix de marché mais un prix de cession interne qui est fixé en fonction de la politique de la firme.

Application

Pour fabriquer une même quantité de draps, le travail de 100 hommes est nécessaire en Angleterre alors que 90 hommes suffisent au Portugal.
Pour fabriquer une même quantité de vin, le travail de 120 hommes est nécessaire en Angleterre, alors que seulement 80 suffisent au Portugal.

1. Repérer les avantages absolus et comparatifs des deux pays.
2. Calculer les productions totales de vin et de draps, avant et après spécialisation, pour les deux pays, en suivant l'idée de Ricardo. Qu'en concluez-vous ?
3. Quels peuvent être les obstacles à la spécialisation dans chaque pays ?

Corrigé

1. L'Angleterre ne dispose d'aucun avantage absolu, par contre elle possède un moindre désavantage (avantage comparatif) dans la fabrication du drap.

2. On peut représenter les résultats sous forme de tableau :

Productions réalisées	Angleterre	Portugal	Monde
Sans spécialisation	1 unité de vin + 1 unité de drap	1 unité de vin + 1 unité de drap	2 unités de vin + 2 unités de drap
Avec spécialisation	1 unité de drap + (120/100) unités de drap = 2,2 unités de drap	1 unité de vin + (90/80) unités de vin = 2,125 unités de vin	2,2 unités de drap + 2,125 unités de vin

On constate que la production de richesses augmente grâce à la spécialisation internationale, à l'échange international.

3. L'obstacle principal est celui de la mobilité des facteurs de production travail et capital : la main-d'œuvre qui fabrique du vin en Angleterre est-elle capable de fabriquer du drap (et inversement au Portugal) ? Il y a ici un problème de formation de la main-d'œuvre.

Le commerce international 23

Principes clés

- **Le commerce international** désigne l'ensemble des échanges de biens et de services entre les différents pays de la planète. Les volumes échangés ont évolué au cours du temps, ainsi que la structure des produits qui font le commerce international. Ce dernier est, en outre, considéré comme un lieu d'affrontement des suprématies économiques nationales.
- Le commerce international repose sur la **Division Internationale du Travail (DIT)**. Il s'agit d'un processus de répartition de la production, et des étapes de la production, des biens et des services à l'échelle internationale. La DIT est le résultat de la spécialisation des économies nationales. On distingue l'**ancienne DIT**, selon laquelle les pays en développement exportaient des matières premières vers les pays développés en échange de produits manufacturés, et la **nouvelle DIT** selon laquelle certains pays en développement exportent également des produits manufacturés (les nouveaux pays industrialisés ou encore pays émergents).
- Pour organiser entre elles le commerce international, les nations de la planète se sont tout d'abord dotées, dès 1947, d'un code de bonne conduite, dans le cadre des accords du **GATT (AGETAC** en français, Accord général sur les tarifs douaniers et le commerce). Ces accords ont abouti à partir de 1994 à la création d'une **Organisation mondiale du commerce (OMC)**, chargée d'établir et de faire respecter, par la concertation entre les pays membres, les règles du commerce international.

1 L'évolution des échanges internationaux

- **Le volume des échanges de biens et services** : les échanges internationaux ont connu une très forte croissance en volume depuis le début du siècle et, plus encore, après la Seconde Guerre mondiale. Malgré une décélération entre 1973 et 1985, les exportations mondiales ont toujours crû à un rythme supérieur à celui de la production mondiale. De même, en 2009, en raison de la crise des subprimes, le commerce mondial a chuté plus fortement que la croissance de la production mondiale. En outre, on observe une part croissante des services dans le total des échanges, même si cette part est loin de la part des services dans les productions nationales.
- **La structure des échanges par produits** : la part des échanges de produits manufacturés est croissante, à long terme, dans le total des échanges de biens. À l'inverse, le poids des produits agricoles est en baisse constante. En revanche, la part des produits minéraux (incluant le pétrole) fluctue selon l'évolution des cours. Au total,

le poids des différents produits échangés dépend à la fois des volumes et des prix relatifs de ces produits. Il convient d'ajouter que, contrairement à une idée reçue, les pays en développement ne sont pas les principaux exportateurs de matières premières. On constate également que les services échangés sont essentiellement des services commerciaux. Les services non marchands, qui constituent une part non négligeable des services nationaux, sont rarement susceptibles d'être échangés. Enfin, une grande partie des services marchands fait plus souvent l'objet d'investissements internationaux que d'échanges.

2 La géographie des échanges

- **Les principales puissances commerciales** : le commerce mondial est majoritairement le fait des pays développés, à hauteur de 50 %. La part des pays en développement est fluctuante, largement en raison des évolutions des cours des matières premières qui constituent une part encore importante de leurs exportations. Cependant, les exportations de produits manufacturés se sont développées dans ces pays et ont conduit à une augmentation de leur part dans le total des échanges, à l'inverse des pays de l'Est. On assiste, en partie, à une redistribution des cartes au sein du commerce international. Le déclin des États-Unis a suivi celui de la Grande-Bretagne et a profité au Japon et à l'Allemagne. Cette redistribution, qui profite aussi aux pays en développement, marque le passage d'une ancienne à une nouvelle division internationale du travail (DIT).
- **Les principaux courants d'échange** : le commerce international, qui s'inscrit dans la nouvelle division international du travail, s'éloigne de plus en plus d'un commerce de type Nord/Sud, au profit d'un **commerce tripolaire**. Ainsi, la part de l'Asie et du Pacifique grandit dans les échanges, au détriment de l'Amérique, alors que la part de l'Europe reste relativement stable. On parle même de Triade pour caractériser le monde commercial aujourd'hui : chaque pôle est organisé de manière hiérarchique autour d'un leader et de sa monnaie (États-Unis et dollar, Union européenne et euro, Japon et yen). De plus, le commerce international s'inscrit dans une logique de constitution de **blocs commerciaux**. À l'exclusion des pratiques protectionnistes, qui ne sont pas spécifiques aux blocs commerciaux, il semblerait que la constitution de ces zones, comme le montrent de multiples études sur l'Union européenne, n'entrave pas la libéralisation des échanges à l'échelle de la planète.

3 L'organisation des échanges

- **Les principes de l'organisation des échanges** : dans le cadre du GATT, les pays échangistes ont souhaité mettre en place un code de bonne conduite. Il repose sur deux grands principes que sont le **libéralisme** et le **multilatéralisme**. Le libre échange, sans obstacles, est le but à atteindre grâce au démantèlement des différentes barrières douanières. En outre, en vertu de la « clause de la nation la plus favorisée » tout avantage tarifaire accordé à un membre doit être étendu à l'ensemble des membres. De plus, la réciprocité s'impose, en matière d'avantage tarifaire, pour éviter qu'un pays membre ne profite des concessions de ses partenaires sans en accorder lui même. Les **négociations commerciales multilatérales (NCM ou Rounds)** ont ainsi conduit à une baisse considérable des droits de douanes entre pays membres. De plus, les négociations de l'Uruguay Round ont abouti à la création de l'OMC, qui transforme le simple accord du GATT en véritable organisation. Cette dernière peut désormais autoriser la prise de sanction contre des membres qui ne respecteraient pas les règles édictées à l'occasion des négociations.

- **Les enjeux et les perspectives de l'OMC** : l'OMC doit aujourd'hui affronter un certain nombre de problèmes qui caractérisent l'évolution du commerce mondial. Pour ce qui concerne la structure des échanges, l'OMC entérine le poids des services commerciaux en créant un **Accord sur le commerce de services (GATS)** qui reprend les grands principes du GATT. En outre, un accord sur les **droits de propriété** protège non seulement les marques mais aussi les brevets. Depuis le cycle de Doha, les négociations achoppent toujours sur les politiques de soutien des produits agricoles (PAC) et les subventions à l'exportation.

4 Les négociations commerciales multilatérales (NCM)

Cycles de négociation	Nombre de participants	Principaux résultats
Genève, 1947	23	45 000 réductions tarifaires sur les produits manufacturés, baisse moyenne de 15 % sur 50 % du commerce mondial.
Annecy, 1949	13	Baisse moyenne de 25 % des tarifs douaniers.
Torquay, 1950/1951	38	Réductions tarifaires sur 8 700 nouveaux produits.
Genève, 1955/1956	26	Peu de réductions tarifaires.
Dillon Round 1961/1962	26	Réductions tarifaires de 10 % environ.
Kennedy Round 1964/1967	62	Réductions tarifaires de 35 % sur produits manufacturés et 20 % sur produits agricoles. Code anti-dumping.
Tokyo Round 1973/1979	99	Réductions tarifaires de 34 % sur les produits manufacturés. Accords sur les barrières non tarifaires.
Uruguay Round 1986/1994	115	Création de l'OMC. Accords sur l'agriculture, le textile, les droits de la propriété intellectuelle.
Doha, 2001	142	Démarrage d'un cycle de négociation après l'échec de Seattle en 1999. Propriété industrielle restreinte sur les médicaments. Entrée de la Chine et de Taiwan.
Cancun, 2003	148	Échec de la reprise des négociations à Doha. Retour en arrière sur le problème des médicaments.
Hong-Kong, 2005	149	Accord sur le commerce du coton au bénéfice des PMA.
Genève, 2008	153	Nouvel échec du cycle de Doha.
Genève, 2012	156	Entrée de la Fédération de Russie.

Application

Les effets des blocs commerciaux sur le commerce mondial.

Corrigé

La question qui se pose est de savoir si les zones régionales d'échange constituent des forteresses commerciales qui freinent le commerce mondial, ou si elles représentent une étape vers le multilatéralisme.

Selon une étude désormais célèbre de Jacob Viner (1950), la constitution de blocs commerciaux entraîne deux effets sur le volume du commerce international.

- Le premier s'explique comme un « détournement de trafic ». Les nations qui décident d'ériger un tarif extérieur commun, tout en abolissant les droits de douanes entre elles, favorisent le commerce à l'intérieur de la zone. Le tarif extérieur commun choisi peut s'avérer, pour certains pays, supérieur à celui qu'ils pratiquaient avec les pays tiers avant l'accord commercial. En conséquence, les pays de la zone ont intérêt à acheter des marchandises à l'intérieur du bloc commercial, si le tarif douanier commun rend les produits extérieurs à la zone plus chers. Ainsi, le trafic commercial avec l'extérieur est « détourné » au profit d'un commerce intérieur à la zone commerciale.
- Le deuxième effet est au contraire à l'origine d'une création de trafic. À l'intérieur du bloc commercial, les entreprises les moins performantes sont évincées, et les regroupements de firmes permettent de réaliser des économies d'échelle. Ainsi, les coûts et les prix de vente des marchandises baissent. Les consommateurs bénéficient d'une hausse de pouvoir d'achat qu'ils peuvent consacrer à l'achat de biens en provenance de l'extérieur de la zone. En quelque sorte, à la baisse du prix des biens correspond un effet de substitution, qui conduit les consommateurs à privilégier les produits de la zone, mais aussi un effet de revenu qui les amène à consommer d'autres produits en provenance de l'extérieur de la zone. Cette même baisse des coûts autorise, en outre, les entreprises à exporter davantage vers l'extérieur. Il y a donc, au total, création de trafic d'échange entre la zone et sa périphérie.

Le change 24

Principes clés

- Le **taux de change** permet de passer d'une monnaie à l'autre. Il représente le nombre d'unités d'une monnaie étrangère que l'on peut acquérir avec une unité de monnaie nationale. Ainsi, il existe, pour une monnaie, autant de taux de change bilatéraux que de monnaies étrangères. Un **taux de change fixe** représente une parité déterminée à l'avance dans le cadre d'accords internationaux entre les pays concernés, alors qu'un **taux de change flottant, ou flexible**, évolue librement sur le marché des changes.
- **Le marché des changes** est le lieu abstrait où se confrontent les offres et les demandes de devises, et où se déterminent donc les taux de change. Il n'est pas localisé en un lieu géographique unique. Les achats et les ventes de devises se déroulent en tous points de la planète. Pour cette raison, il fonctionne en continu car des devises s'échangent, à tout moment de la journée. Il s'agit d'un marché principalement interbancaire, les banques intervenant en majorité pour leurs clients. Cependant, d'autres acteurs d'importance se retrouvent sur ce marché : les autorités monétaires pour défendre la parité de leur monnaie, mais aussi les grandes entreprises multinationales qui gèrent leurs trésoreries en devises.

1 La détermination des taux de change

- **Les échanges de biens et services** : en premier lieu, le taux de change est le reflet des transactions de change qui résultent des exportations et importations entre pays. En conséquence, un excédent (déficit) des transactions courantes conduit à une hausse de la demande (offre) de la monnaie nationale et amène à une appréciation (dépréciation) du taux de change.

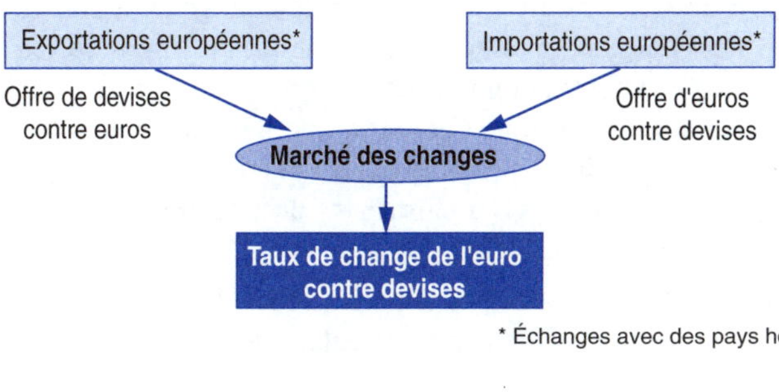

* Échanges avec des pays hors de la zone euro.

- **Le niveau des prix** : selon **la théorie de la parité des pouvoirs d'achat (PPA)**, si un même panier de biens coûte 100 euros en France et 120 dollars aux USA, le taux de change doit s'établir à 1 euro = 1,2 dollar. La variation du taux de change est alors le reflet des différences d'inflation pour garantir l'unicité du prix d'un bien exprimé en différentes monnaie. Si l'inflation s'établit à 10 % aux USA, alors qu'elle est nulle dans la zone euro, le coût du panier s'élève désormais à 132 dollars aux USA, contre 100 euros en France. Le taux de change doit donc s'établir à 1 euro = 1,32 dollar.
- **Les mouvements de capitaux** : les échanges de devises proviennent surtout des mouvements de capitaux, sensibles aux variations de **taux d'intérêt**. Lorsque le taux d'intérêt à l'intérieur de la zone euro est supérieur aux taux d'intérêts à l'extérieur de la zone, les capitaux affluent pour se placer sur le territoire de la zone euro. Pour cela, ils sont d'abord convertis en euro sur le marché des changes. Il en résulte une hausse de la demande d'euro et donc une appréciation du taux de change de l'euro.
- **La spéculation** : le marché des changes constitue un haut lieu de la spéculation, ce qui amène à une déconnexion entre les taux de change observés et les taux de change attendus eu égard aux données économiques fondamentales des pays considérés (taux d'inflation, solde des transactions courantes, taux d'intérêt). En effet, en spéculant à la hausse d'une monnaie, les acteurs sur le marché des changes vont, en achetant celle-ci, contribuer à sa hausse effective.

2 Les politiques de change

- **Les fondements des politiques de change** : les agents économiques sont, du fait de leurs relations avec l'extérieur, soumis au **risque de change**. Celui-ci se définit comme étant la possibilité de réaliser une perte de change, par la seule détention dans le temps d'un actif libellé en devises. Aussi, les autorités monétaires se fixent comme objectifs d'encadrer les variations de change pour limiter ce risque. De plus, la politique de change peut être un moyen de renforcer la **compétitivité-prix** d'une économie lorsque le taux de change s'éloigne de la parité des pouvoirs d'achat. Enfin, la politique de change constitue une sous-catégorie de politique économique qui permet de réaliser les objectifs de plein emploi, de croissance, de stabilité des prix et d'équilibre extérieur.
- **L'appréciation de la monnaie** : la politique de change peut consister à privilégier l'appréciation de l'euro, pour lutter contre l'inflation importée, ce qui permet de diminuer le coût des approvisionnements en provenance de l'extérieur de la zone euro. En outre, une telle politique conduit à une nécessaire adaptation des secteurs d'activité concurrencés par les produits extérieurs à la zone. Les gains de productivité attendus peuvent alors servir à baisser les prix des produits exportés, à investir pour se moderniser davantage.
- **La dépréciation de la monnaie** : une dépréciation de l'euro peut, elle aussi, conduire à un rééquilibrage du commerce avec l'extérieur de la zone, dans la mesure où elle

renchérit le coût des importations et diminue le prix des exportations. Cependant, il convient pour cela que les entreprises répercutent sur les prix les effets de la dépréciation. En outre, la compétitivité-prix n'est pas suffisante et elle se heurte à une plus ou moins grande **élasticité de la demande par rapport aux prix**. Si la structure des échanges extérieurs est composée principalement de produits à **demande inélastique**, la dépréciation ne produira pas les effets attendus.

3 Les instruments des politiques de change

- **L'intervention des autorités monétaires** : les autorités monétaires peuvent intervenir sur le marché des changes en vue de réguler les variations de change en achetant (vendant) de la monnaie de la zone pour que le cours de celle-ci s'apprécie (se déprécie). Cependant, cette pratique se limite au volume de **réserves de change** disponible.

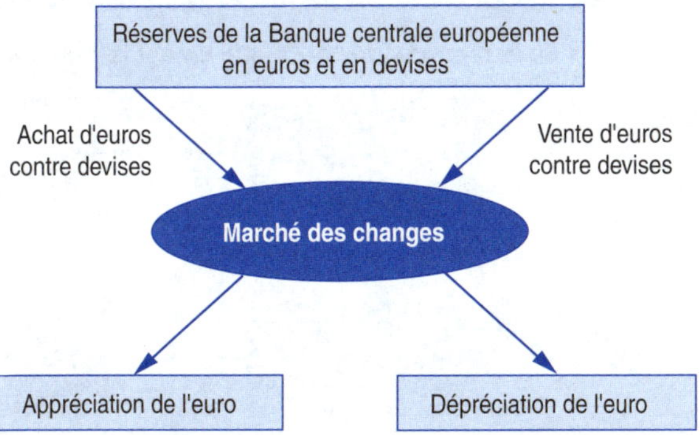

- **Le maniement des taux d'intérêts** : il s'avère nécessaire pour attirer les **mouvements de capitaux** qui recherchent les placements les plus rémunérateurs. Si la **Banque centrale européenne** relève ses taux, les investisseurs étrangers changent leurs devises en euros, ce qui accroît la demande d'euros et contribue à l'appréciation du change.
- **Le contrôle des changes** : remarquons que le contrôle des changes, aujourd'hui abandonné dans la zone euro, permet d'éviter que les résidents spéculent contre leur propre monnaie.

4 Le théorème des élasticités critiques

- Une dépréciation-dévaluation a pour conséquence de modifier la compétitivité-prix d'une économie par rapport à ses partenaires commerciaux. Si le prix de ses exportations a tendance à diminuer (dans le cas où les exportateurs n'adoptent pas un **comportement de marge** qui consiste à conserver leurs prix en devises) rien ne dit que les quantités vendues vont s'accroître. Tout dépend, en effet, de la réaction de la demande par rapport à cette modification du prix de vente.

- Plus la demande est élastique, plus les volumes exportés seront importants. Inversement, la hausse du prix des importations (au cas où les exportateurs étrangers ne modifient pas leurs prix en devises) ne conduit pas automatiquement à un ralentissement des quantités importées. Moins la demande intérieure est élastique aux variations de prix (cas du pétrole), moins le volume des importations se modifiera.
- Selon, le **théorème des « élasticités critiques »** de Marshall-Lerner-Robinson, une dépréciation de la monnaie améliore le solde des transactions courantes si la somme en valeur absolue des élasticités-prix des importations et des exportations est supérieure à 1.

Application

Décrire le cercle vertueux de la monnaie forte. Quelle en est la principale limite ?

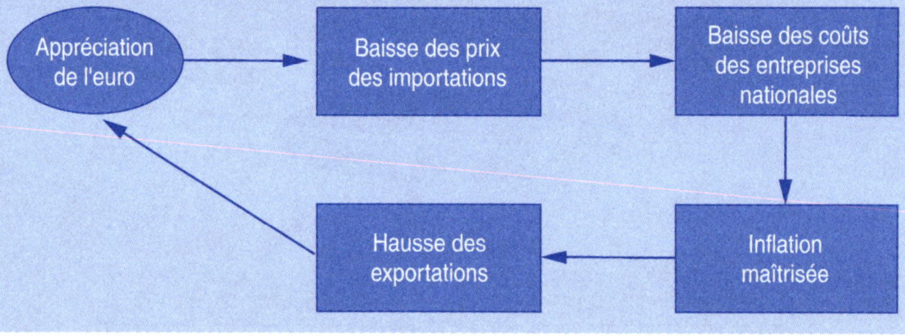

Corrigé

- L'appréciation de l'euro permet de maîtriser l'inflation importée et donc de réduire les coûts des entreprises de la zone euro qui, dès lors, sont plus compétitives à l'extérieur de la zone. Ainsi, les volumes exportés s'accroissent ce qui conduit à une demande d'euros plus importantes sur le marché des changes. Il en résulte une nouvelle appréciation de l'euro.
- Une politique de monnaie forte présente une limite importante qui est celle de la compétitivité structurelle de l'économie. En effet, l'appréciation conduit dans un premier temps à la hausse du prix des exportations, ce qui peut nuire aux biens exportés si leur compétitivité repose essentiellement sur le prix et non la qualité. L'euro étant désormais la monnaie de plusieurs pays dont les structures économiques sont différentes, une même variation du cours de l'euro n'a pas les mêmes effets sur les exportations des différents pays de la zone.

Problèmes monétaires et financiers internationaux 25

Principes clés

- Au cours des années 1990, de l'Asie à la Russie en passant par l'Amérique du Sud et l'Amérique centrale, des perturbations majeures d'ordres monétaires et financiers ont déstabilisé l'ensemble des économies mondiales.
- Toutefois, la crise dite des « *subprimes* » qui se déclenche à l'automne 2008 semble devoir être considérée comme un phénomène d'une tout autre ampleur puisqu'elle a fait entrer l'économie mondiale dans une récession comme il n'en avait plus été observée depuis la crise de 1929.
- Ces crises posent de nombreuses interrogations quant à la remise en cause du système monétaire et financier international. La référence aux accords de BrettonWoods et au dernier cadre stable qu'ils offraient à l'économie mondiale est souvent évoquée aujourd'hui.
- Il semble donc pertinent de bien comprendre, tout d'abord, comment les économies ont abandonné le système monétaire international issu de ces accords pour adopter de nouvelles règles de fonctionnement. Cela nous amènera, ainsi, à apprécier les perspectives de reconstruction d'un nouveau système monétaire et financier international.

1 L'instabilité monétaire et financière internationale

- Pour éviter que ne se reproduisent les dérives monétaires de l'entre deux guerres mondiales et la multiplication des « dévaluations compétitives », les accords de BrettonWoods vont être signés en 1944 afin de mettre en place un cadre monétaire stable à l'échelle internationale. Ces accords comprenaient, en premier lieu, la mise en place d'un système de taux de change fixe.
- Les accords de BrettonWoods scellent également la création du Fonds monétaire international, le FMI. Celui-ci est le garant de la stabilité des changes. Dès la fin des années 1950, le système de changes fixes va connaître des dysfonctionnements puisque c'est à cette période que la quantité de dollars en circulation dans l'écono-

mie mondiale va s'accroître, causant progressivement la perte du système mise en place en 1944. En effet, à partir de la fin des années 1950, les excédents commerciaux américains se réduisent considérablement et l'Europe, d'une part, et le Japon, d'autre part, commencent à exporter vers les États Unis.

- Le rapport entre la quantité de dollars en circulation et le stock d'or mondial s'est ainsi considérablement modifié. Face à cette situation et devant le risque, notamment, de voir les autres pays demander la conversion de leur dollar en or, le président Nixon décide unilatéralement, le 15 août 1971, la suspension de la convertibilité entre les deux étalons.
- Si les années 1970 ont été la décennie de la transformation des systèmes de change, les années 1980 ont vu apparaître un véritable système financier international.
- Les marchés financiers ont pour vocation d'assurer la rencontre de l'épargne longue et des besoins de financement. En ce sens, ils ont permis aux États de financer leurs déficits sans avoir recours au crédit et donc à la création monétaire, source d'inflation. Toutefois, la puissance des investisseurs institutionnels internationaux fait qu'ils constituent une contrainte pour de nombreux États et une menace en termes de déstabilisation des marchés.
- Toutefois, la principale critique à l'égard du développement des marchés financiers reste qu'ils se sont écartés de leur fonction première et aurait favorisé la montée d'une spéculation à l'échelle internationale.

2 Les crises monétaires et financières internationales

- Les crises des années 1990 ont touché plus particulièrement les pays en développement ou en transition. La croissance de ces pays nécessitait bien évidemment un financement qui ne peut être assuré uniquement par l'épargne nationale. En conséquence, le recours à l'endettement, en faisant appel aux capitaux internationaux, s'avérait indispensable.
- L'endettement est supportable tant que la croissance génère suffisamment de ressources pour y faire face. Or, le développement de nombreux pays émergents se construit autour du dynamisme des exportations ce qui va faire jouer un rôle central au taux de change. Si la devise nationale décroche par rapport au dollar alors le poids de la dette n'est plus supportable, la Thaïlande s'est retrouvée, de cette manière, en situation de cessation de paiements. La fuite des capitaux s'est alors accélérée, limitant encore plus les possibilités de financement.
- La crise des « *subprimes* » dont les effets se font ressentir au cours de l'automne 2008 relève à la fois des mêmes mécanismes mais donne naissance également à de nouveaux phénomènes.
- En effet, après l'éclatement de la bulle internet, les autorités monétaires américaines ont, au début des années 2000, adopté une politique monétaire de faibles taux d'inté-

rêt. Cette politique a contribué à stimuler les crédits immobiliers favorisant la formation d'une nouvelle bulle avec progressivement une surévaluation de la valeur des actifs immobiliers.

- Cette bulle s'est d'autant plus développée qu'une première innovation est apparue avec les « *subprimes* », crédit hypothécaire à taux élevé mais a priori supportable pour le débiteur puisque les prix dans l'immobilier continuaient à s'apprécier.
- L'éclatement de la bulle immobilière va donc entraîner la chute des prix des actifs et avec elle celle de la valeur des hypothèques. Le système bancaire doit faire face, dans un premier temps, à une crise de solvabilité qui se transforme rapidement en une crise de liquidité puisque faute d'être capable d'identifier clairement les risques, les banques ne prêtent plus. Les premières faillites des établissements bancaires provoquent alors une grave crise boursière.
- Lors des crises des pays en développement, les interventions du fonds monétaire international ont un effet pervers à travers le phénomène dit « d'aléa moral ». En effet, les investisseurs internationaux savent qu'en cas de difficultés le FMI vient soutenir les pays en cessation de paiements pour leur permettre d'honorer leurs dettes. En conséquence, certains placements jugés risqués à l'origine, ne le sont plus en raison de la garantie apportée par les aides provenant de l'institution internationale qui apparaît, alors, comme le prêteur en dernier ressort.
- Cependant, comme pour le FMI, les autorités se trouvent face à un dilemme à savoir que des interventions systématiques en tant que prêteur en dernier ressort si elles empêchent la réalisation du risque systémique encouragent des comportements irresponsables de la part des agents.

3 La recherche d'un nouveau système monétaire et financier international

- Les crises financières ont mis en évidence un certain nombre de dysfonctionnements auxquels il s'agirait de remédier, quelques pistes peuvent être évoquées :
  - organiser et de contrôler les marchés de gré à gré ;
  - définir des normes précisant la nature des produits financiers destinés à être titrisés ;
  - mieux contrôler les prêts immobiliers (contraindre les banques à vérifier la solvabilité du client, limiter la durée des prêts immobiliers).
- Revoir le fonctionnement des mécanismes est une chose, repenser le jeu des acteurs défaillants en est une autre. De nombreux agents sont notamment présentés comme responsables à des degrés divers de la crise :
  - les agences de notation accusées de ne pas avoir vu venir la crise en continuant à surévaluer des actifs toxiques ;
  - les *hedgefunds* et paradis fiscaux. Les deux tiers des fonds spéculatifs résident dans des paradis fiscaux ;

- les banques de dépôts apparaissent également comme fautives dans le déclenchement de la crise en utilisant leurs fonds propres afin de financer des projets immobiliers à la rentabilité très incertaine.

• Il importe également de revoir les pratiques des sociétés financières en matière de rémunération qui, au-delà de la perte de sens du niveau atteint par certains salaires, primes ou bonus contribuent à inciter les acteurs à des prises de risques excessives. Quelques pistes de réflexion sont aujourd'hui présentées :

- repenser la rémunération du trader avec une partie fixe plus importante ;
- une part variable qui intègre les gains réels réalisés ;
- des versements ne pouvant s'effectuer que lorsque l'opération est clôturée ;
- une rémunération sous forme de titres qui sensibilise beaucoup plus le trader à l'évolution des cours boursiers ;
- une gouvernance plus efficace avec une présentation des principes de rémunération des salariés au cours du conseil d'administration.

4 Repenser la gouvernance mondiale

Une plus grande stabilité du système monétaire et financier international passerait par de nouvelles politiques de change. Plusieurs pistes ont déjà été explorées :

- les systèmes de caisse d'émission ou de conseil monétaire (*currencyboard*). Il s'agit, ici, pour une économie de fixer constitutionnellement la parité de sa monnaie dans une devise étrangère (généralement le dollar). En conséquence, le pays doit disposer d'une quantité de devises en contrepartie de l'émission de sa propre monnaie.
- les processus de dollarisation. Il s'agit d'adopter définitivement la devise américaine comme moyen de paiement dans le pays en remplacement de la monnaie nationale.
- les systèmes d'ancrage plus ou moins stricts à un panier de monnaie. L'euro, même si ce n'est pas le cas encore actuellement, devrait progressivement occuper une place importante dans ces paniers de monnaie. On parviendrait progressivement, alors, à un système bipolaire avec deux devises dominantes l'euro et le dollar.

Il semble indispensable également de favoriser la coopération internationale à l'image de ce qui a été fait avec le sommet du G20 en avril 2009.
La question de la gouvernance passe pour finir par la place centrale que pourrait occuper le FMI à l'avenir. Il serait toutefois nécessaire de faire disparaître trois dysfonctionnements :

- la répartition des pouvoirs au sein de ses organes de direction n'était plus représentative. Les modifications des droits de vote décidées en 2010 ont certes élevé le nombre de voix pour la Chine mais ne reflètent pas la réalité de l'économie mondiale (plan de relance de la Chine supérieur à celui du Japon) ;
- une absence de marge de manœuvre en raison de sa dépendance à l'égard de Washington ;
- un manque de moyens pour faire face à une profonde crise internationale.

Application

Le système de BrettonWoods, une référence ?

Corrigé

- Pourquoi s'interroger aujourd'hui sur un système monétaire fondé en 1945 et qui ne fonctionne plus depuis bientôt 30 ans ? Au-delà de la curiosité intellectuelle, la référence fréquente à celui-ci de la part de nombreux auteurs ou de responsables politiques fait apparaître une certaine « nostalgie » de BrettonWoods. Il représente, en effet, la stabilité et correspond aux trente années glorieuses qu'a connu l'économie mondiale.
- Toutefois, ce système monétaire n'a pas toujours comporté que des avantages pour les économies. De nombreuses crises de changes ont eu lieu, au cours de ces trente années d'existence et les contraintes qu'il faisait peser sur les politiques économiques nationales étaient loin d'être négligeables.
- De plus, le système de BrettonWoods correspondait à un environnement financier spécifique à l'époque. À la suite de la libéralisation des mouvements de capitaux dans les années 80, on peut douter de la viabilité d'un système de taux de change fixes. Rien ne vient confirmer d'ailleurs la supériorité d'un tel système par rapport aux mécanismes de changes flottants. Ces derniers, notamment, contribuent à des ajustements plus souples et moins contraignants pour les autorités nationales.
- La référence à BrettonWoods se justifie, en revanche, dans la mesure où il semble indispensable, maintenant, de reconstruire un nouveau et véritable système monétaire, bien sûr, mais également et peut être surtout financier, le fonctionnement des marchés de capitaux à l'échelle internationale étant source de nombreux dysfonctionnements. Dans ce sens, les accords de BrettonWoods restent le dernier exemple de l'efficacité d'une collaboration internationale qui apparaît comme indispensable, aujourd'hui.

26 L'intervention de l'État

Principes clés

- L'État est une **forme d'organisation politique** le gouvernement. Le pouvoir de contrainte détenu par l'État qui est fondé sur une légitimité, suppose des règles de droit public stables et l'existence d'un appareil politique spécifique. Sous cette forme, les États modernes sont apparus entre le XIVe et le XVIIIe siècle, en remplacement de formes d'organisations féodales dans lesquelles la force, la propriété et la justice sont concentrées entre les mains des suzerains.
- Au départ absent de ce domaine, l'État va occuper au cours du XXe siècle une **part croissante dans les questions économiques et sociales**. Ses différentes missions et ses moyens d'action se développent considérablement après la Seconde Guerre mondiale.
- Bien que l'économie soit principalement **régulée par les marchés**, les pouvoirs publics ne sont pas des observateurs neutres de la vie économique. L'opinion se tourne vers eux dès qu'un ralentissement se produit, qu'un groupe social se trouve en difficulté...
L'État se trouve investi de responsabilités considérables alors même que sa marge de manœuvre est souvent très étroite.

1 La montée de l'intervention de l'État dans l'économie

- Pendant longtemps, l'intervention de l'État s'est limitée à ses fonctions régaliennes (armée, police, justice). C'est la conception de l'**État gendarme**. Au cours de la première moitié du XXe siècle, les fonctions économiques et sociales de l'État se développent. Elles prennent une importance plus grande encore après la Seconde Guerre mondiale avec l'apparition de l'**État providence** (*welfare state*). Cette expression trouve son sens dans la prise en charge par l'État de risques sociaux tels que la maladie, la vieillesse, le chômage... Elle est aujourd'hui utilisée pour désigner au sens large les interventions économiques et sociales de l'État.
- L'intervention moderne de l'État moderne conduit à un **prélèvement de plus de 40 % sur le produit intérieur brut**. Une partie est prélevée directement au titre du budget de l'État, une autre sous forme de versements obligatoires à des organismes distincts mais relevant de choix étatiques (cotisations sociales).

- La **loi de Wagner**, formulée à la fin du XIXe siècle, établit que les dépenses publiques croissent plus vite que l'activité économique car l'industrialisation, l'urbanisation, la montée du niveau de vie provoquent une augmentation des réglementations publiques, des dépenses sociales et des investissements d'infrastructure et de recherche plus que proportionnelle à l'accroissement de la production.
- L'apparition et le développement de l'État donnent lieu à **diverses interprétations**. Pour Durkheim, c'est la complexité croissante des sociétés qui justifie la montée de l'État. Pour Marx, l'État est un instrument de domination des classes dominantes.

2 Le rôle de l'État et ses moyens dans l'économie de marché

- L'État est le **seul acteur à pouvoir intervenir au niveau macro-économique**. Après la Seconde Guerre mondiale, l'État intervient dans tous les pays industrialisés par la mise en place de politiques économiques. Dans certains pays, l'intervention va plus loin et touche à l'aménagement du territoire, la planification, la nationalisation d'entreprises... On parle d'**économie mixte** pour désigner la double régulation de l'économie par le marché et par l'État.
- L'intervention économique de l'État dans l'économie de marché peut se justifier par les **limites de la régulation économique par les marchés** :

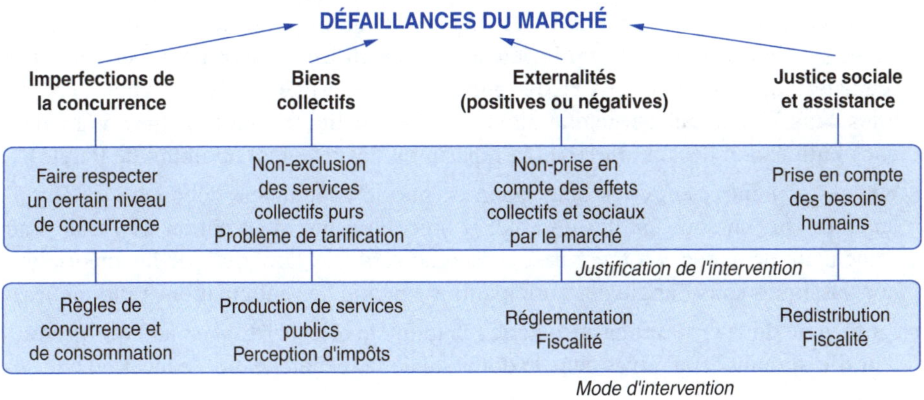

- L'État assure, selon R. Musgrave, **trois fonctions principales** :

- Plusieurs types d'arguments justifient l'**existence d'un secteur public dans les économies de marché** :
  - la situation de monopole ou de quasi-monopole liée à l'ampleur des infrastructures et des équipements (transport ferroviaire, installations portuaires...) ;
  - l'importance stratégique pour la nation (armement, énergie nucléaire, recherche...) ;
  - l'insuffisante rentabilité de certaines activités de service public (poste, électricité...) ;
  - le renforcement de l'efficacité de la politique économique (banques…).
- Malgré ces arguments, la **réduction du périmètre du secteur public** est une tendance persistante dans les pays industrialisés capitalistes depuis les années quatre-vingt. Ainsi, les États privatisent les entreprises relevant du secteur concurrentiel (entreprises industrielles, groupes financiers, entreprises de transport, chaînes de télévision…) et ne conservent dans le secteur public que les entreprises liées aux grands services publics. Les arguments budgétaires (réduction du déficit, gains liés aux privatisations) ne sont pas étrangers à cette mutation.

3 La justification de l'intervention de l'État

- Les libéraux ne reconnaissent à l'État aucun rôle économique. Celui-ci doit se contenter d'assurer ses fonctions régaliennes. Pourtant, quelques situations nécessitent son intervention : le **maintien d'un niveau de concurrence** permettant la régulation par les prix et l'**offre de monnaie**. La non-intervention des pouvoirs publics dans l'économie se justifie alors par l'optimalité des mécanismes de marché dans l'allocation des ressources et la répartition des revenus (optimum de Pareto).
- **Keynes** a montré, entre les deux guerres, que le capitalisme débouche « naturellement » sur un sous-emploi durable. Il préconise une intervention de l'État pour soutenir la demande. La théorie keynésienne sera très critiquée par les théoriciens néoclassiques sous l'angle des anticipations (théorie des anticipations rationnelles).
- La **théorie de la croissance endogène** réhabilite le rôle de l'État en tant que producteur d'externalités positives dans le domaine de la recherche, de l'éducation.

4 Les contraintes de l'intervention de l'État

L'intervention de l'État est soumise à des contraintes de différentes natures :

- la difficulté d'identifier les préférences collectives et l'intérêt général : le processus démocratique incite à considérer l'opinion majoritaire comme une expression de l'intérêt général, mais l'État peut œuvrer pour l'intérêt général contre la majorité ;
- les délais d'action et d'obtention des résultats : les rigidités étatiques allongent les délais de mise en œuvre de l'action de l'État et les résultats ne peuvent véritablement s'apprécier que plusieurs années après ;

– la contrainte extérieure : les opérations économiques s'effectuent désormais dans un cadre mondial et les décisions isolées sont inopérantes, voire dangereuses ;
– les pressions exercées sur les pouvoirs publics : différents groupes de pressions tentent d'influencer les pouvoirs publics en leur faveur et l'État doit arbitrer en fonction de l'intérêt général.

Application

Quelles sont les limites au désengagement de l'État dans les pays industrialisés ?

Corrigé

Depuis le début des années quatre-vingt, un processus de désengagement de l'État s'est amorcé dans les pays industrialisés. La plupart d'entre eux ont mis en œuvre – et parfois achevé – des programmes de déréglementation, de privatisation, de restrictions budgétaires... Ce mouvement semble aujourd'hui remis en cause et on assiste à une réhabilitation du rôle de l'État.

- Le désengagement de l'État a des **effets pervers sur les marchés**. Sur certains marchés (transport ferroviaire, distribution d'électricité), l'importance des coûts fixes impose la réalisation d'économies d'échelle en grande quantité (monopoles naturels). La concurrence peut alors empêcher la réalisation des investissements nécessaires et finalement nuire aux consommateurs.
- Le désengagement de l'État représente un **danger pour l'intérêt général**. L'expérience a montré que les privatisations peuvent conduire à l'abandon d'activités moins rentables, remettant en cause l'égalité des citoyens devant le service public. En outre, le désengagement conduit généralement à une montée des inégalités et de la pauvreté.
- Le désengagement de l'État **ne suffit pas à relancer la croissance**. Les économies européennes restent marquées par un taux de croissance faible et l'intervention de l'État est parfois considérée comme indispensable pour soutenir la croissance.

Le débat des années quatre-vingt sur plus ou moins d'État a largement laissé la place à la question du « mieux d'État ».
Les années à venir seront certainement celles d'une redéfinition des rôles entre le secteur privé et la sphère publique.

27 Le budget de l'État

Principes clés

- Au début du siècle, les dépenses publiques représentaient moins de 10 % des richesses créées. L'économie était donc essentiellement privée. Aujourd'hui, les dépenses budgétaires représentent à elles seules environ 20 % du PIB (plus de 40 % avec les dépenses sociales). **L'influence économique du budget est donc considérable**. Il occupe une place importante dans le système de prélèvements obligatoires, les choix budgétaires ne sont pas neutres pour les agents, le déficit budgétaire pèse sur les circuits de financement de l'économie, l'annonce des mesures budgétaires modifie les comportements et oriente les choix...
- Le budget de l'État est un document qui **retrace les recettes et les dépenses de l'État pour une année civile**. C'est un **acte économique** qui met en jeu plus de 300 milliards d'euros chaque année, mais aussi un **acte juridique** puisqu'il est voté au Parlement sous la forme d'une **loi de finances**, acte essentiel de la vie démocratique. En cas de divergence par rapport aux prévisions, la loi de finances initiale peut être modifiée en cours d'exercice par un **collectif budgétaire** (ou loi de finances rectificative). La procédure parlementaire est longue et lourde. Les députés votent en décembre le budget préparé au printemps et applicable à partir de janvier suivant.
- Le **budget de l'État fait l'objet d'analyses contradictoires** : déperdition de richesses pour les libéraux qui visent à limiter son ampleur aux strictes dépenses collectives par nature, instrument de politique économique pour les keynésiens qui l'utilisent pour orienter l'activité économique.

1 Recettes et dépenses du budget de l'État

- **Les recettes du budget** de l'État proviennent essentiellement de la fiscalité, c'est-àdire des impôts payés par les contribuables (environ 90 % de recettes). Mais des recettes non fiscales viennent s'y ajouter (recettes des privatisations, bénéfices des entreprises publiques par exemple). Les recettes fiscales relèvent avant tout de l'imposition indirecte (la TVA représente à elle seule plus de 40 % des recettes de l'État).
- **Les dépenses de l'État** peuvent être classées par nature ou par fonction. La répartition par nature fait apparaître la prédominance des dépenses ordinaires (et notamment des rémunérations) sur les dépenses en capital (investissements). La répartition par fonctions montre l'importance des charges communes (pensions, dette publique, dépenses de la présidence, des assemblées...), des dépenses d'éducation et de défense.

• **Structure des recettes et des dépenses** du budget de l'État :

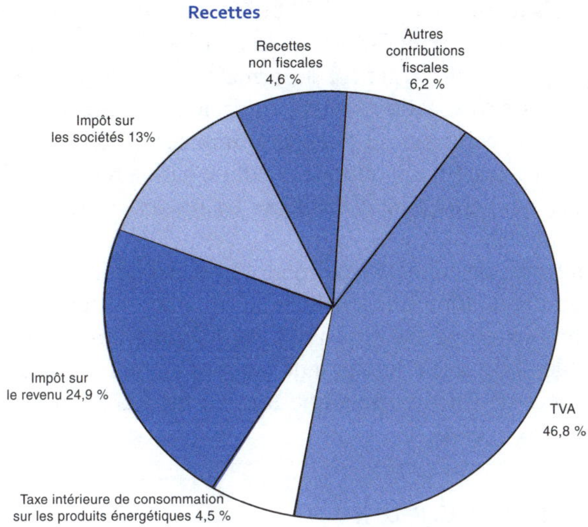

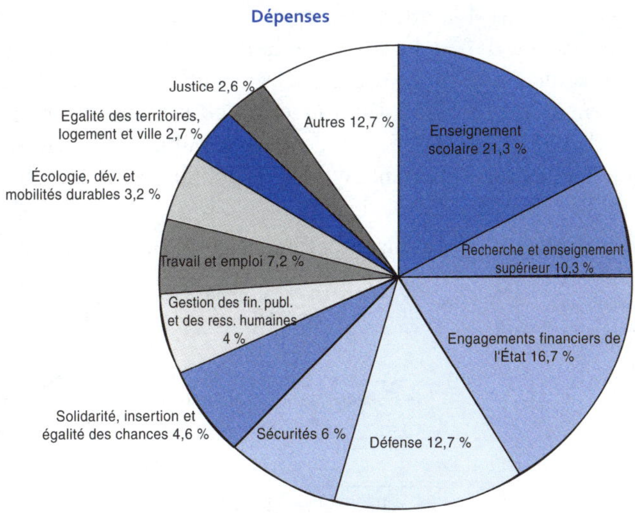

• Contrairement aux principes de justice sociale, le **système fiscal français est peu progressif**. La part de l'impôt sur le revenu, le seul à être progressif, est plus faible en France que dans la plupart des autres pays européens. Par ailleurs, diverses mesures, le quotient familial et les déductions en particulier, favorisent les plus hauts revenus et limitent la progressivité de cet impôt. Le système fiscal français donne en revanche une place importante aux impôts indirects (TVA, TIPP...) qui frappent proportionnellement plus les revenus les plus modestes (puisque leur propension à consommer est plus forte).

- Au premier août 2001, la gestion de l'État a été réformée par la « **loi organique relative aux lois de finance** » (**LOLF**) qui est entrée en vigueur par étapes et s'applique depuis le premier janvier 2006 à toute l'administration.
  Le budget général de l'État est désormais découpé en 34 « missions », 113 « programmes » et 580 « actions ». La « mission » correspond à une grande politique de l'État et concerne un ou plusieurs ministères. Le « programme » regroupe des moyens au service d'une politique conduite par un ministère. Les « actions » sont des découpages qui permettent d'identifier les moyens et les modes d'action des acteurs d'un programme.
  Cette réforme doit permettre de rendre plus lisible la politique budgétaire en imposant à l'administration une explication plus approfondie des objectifs visés et des moyens mis en œuvre. De plus, pour chaque programme engagé, la nomination d'un responsable disposant d'une grande autonomie de gestion a pour but d'accroître les performances de l'action publique tout en facilitant son contrôle par l'élaboration d'indicateurs concrets.

2 Le déficit budgétaire

- Le **solde budgétaire** est la différence entre toutes les recettes et toutes les dépenses de l'État. En cas de **déficit budgétaire**, le financement peut se faire par émission de titres (bons du Trésor) ou par création monétaire. Dans le cadre de la construction européenne, le processus d'introduction de la monnaie unique comporte des contraintes de réduction du déficit et de la dette publics. Toutefois, la crise de 2008 a provoqué une hausse importante du déficit public ; celui-ci s'est ainsi élevé, pour l'année 2009 en France, à 7,5 % du PIB.
- Le **déficit budgétaire** peut avoir des effets négatifs sur la croissance :

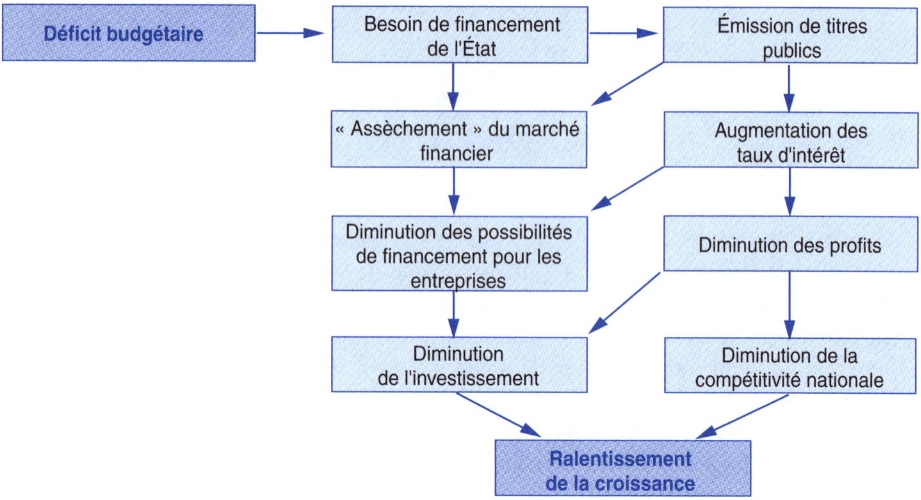

- L'effet d'éviction est lié au financement du déficit par l'emprunt, lequel engendre une hausse des taux d'intérêts et un « assèchement » du marché financier qui évince les entreprises privées de l'accès à l'épargne publique pour le financement de leurs investissements. Tout se passe finalement comme si l'investissement public se substituait à l'investissement privé.
- Conséquence la plus néfaste du déficit, la dette publique est susceptible d'avoir un **effet cumulatif** :

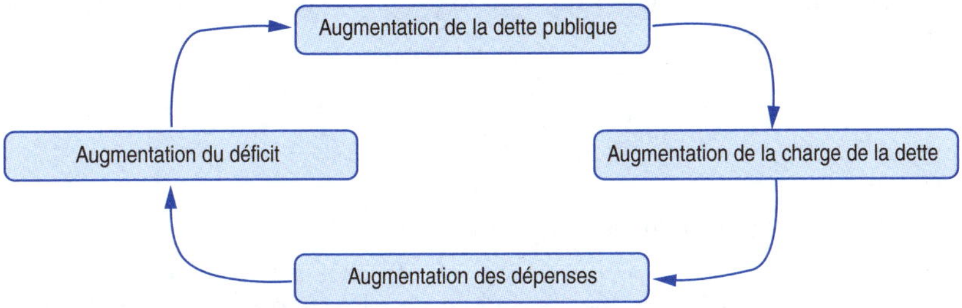

3 La politique budgétaire

- Pour les libéraux, le budget doit se plier à la conjoncture et non être actif. Les recettes et les dépenses doivent suivre la courbe de l'activité économique et non chercher à l'infléchir.
- La **pensée keynésienne** s'oppose à l'orthodoxie budgétaire. Pour Keynes, l'État doit, au contraire des ménages, dépenser plus quand les revenus diminuent et moins quand ils augmentent. Selon lui, en période de ralentissement, l'État doit soutenir l'activité économique par des dépenses supplémentaires destinées à relancer la demande. Mais la régulation joue dans les deux sens et l'État doit réduire ses dépenses quand l'activité reprend et que se manifeste un risque inflationniste ou une tendance au déficit extérieur. Keynes montre que le déficit budgétaire peut être bénéfique à l'activité économique et être financé *a posteriori* par les recettes fiscales nouvelles issues de l'accroissement de l'activité économique.
- La **politique budgétaire** consiste à utiliser le budget de l'État pour atteindre certains objectifs. Elle peut agir sur les recettes ou sur les dépenses pour relancer ou stabiliser l'activité :

	Relance	Stabilisation
Recettes	Dégrèvements fiscaux Réductions d'impôts	Hausse des taux d'imposition Élargissement de l'assiette Réduction des avantages fiscaux
Dépenses	Embauche de fonctionnaires Augmentation des rémunérations Aides aux entreprises	Rigueur salariale Limitation des emplois publics Réduction des interventions

- L'ouverture des économies aux échanges internationaux limite l'efficacité de la politique budgétaire. En effet, l'accroissement de revenus qui en résulte risque alors de plus profiter aux entreprises étrangères (augmentation des importations) qu'aux entreprises nationales (contrainte extérieure).

4 Le multiplicateur keynésien

L'effet positif du budget sur l'activité économique repose sur le mécanisme du multiplicateur développé par Keynes. Selon ce principe, les dépenses de l'État provoquent un **accroissement du revenu égal à un multiple de la dépense initiale**. En effet, chaque dépense publique engendre une distribution de revenus qui incite les entreprises à produire plus, engendrant ainsi une deuxième vague de revenus... L'effet multiplicateur est d'autant plus important que la propension marginale à consommer est élevée. Le calcul donne :

$$\text{Coefficient multiplicateur} = \frac{1}{1-c}$$

(avec c = propension marginale à consommer).
Pour être complet, il faut tenir compte de l'effet inverse provoqué par l'augmentation des impôts et taxes destinés à financer ces dépenses. Le **théorème d'Havelmoo** montre que l'effet multiplicateur reste positif même si l'intégralité des dépenses nouvelles est financée par l'augmentation des impôts. Il montre donc qu'un budget équilibré n'est pas économiquement neutre.

Application

Le budget de l'État dans les cycles conjoncturels.

Corrigé

- En « recyclant » plus de 20 % du PIB chaque année, l'influence du budget sur les variations conjoncturelles de l'activité ne peut être négligeable. L'idée même de politique budgétaire repose sur le caractère actif du budget pour orienter l'activité. Le budget est censé amortir les effets du cycle. Mais les contraintes obligent parfois les gouvernements à user du budget dans un sens différent.
- Dans les cycles conjoncturels, le budget peut jouer le rôle d'un **stabilisateur automatique**. En effet, en période d'expansion, le jeu normal de la fiscalité conduit à « geler » une partie des revenus générés par l'expansion (rentrées fiscales en hausse), réduisant d'autant l'effet de l'expansion de façon à éviter une « surchauffe ». À l'inverse, en période de récession, le creusement du déficit provoque une injection de revenus supplémentaires conduisant à réduire l'ampleur du ralentissement. Les dépenses publiques ont donc normalement un effet « **contracyclique** », elles amortissement les variations à la hausse et à la baisse.
- Depuis quelques années, les tentatives de réduction du déficit budgétaire s'opèrent en période de récession. Les impératifs financiers de réduction du déficit et de la dette publique obligent en effet les gouvernements à limiter la progression des dépenses et à accroître les recettes. On fait donc jouer au budget un rôle « **procyclique** », qui contribue à aggraver le ralentissement économique.

La politique économique 28

Principes clés

- La politique économique se définit comme un ensemble de décisions prises par les pouvoirs publics visant à atteindre des objectifs relatifs à la situation économique d'un pays, à l'aide de divers instruments, et en tenant compte d'un certain nombre de contraintes. Les objectifs sont censés traduire des finalités politiques.
- Schéma de la politique économique :

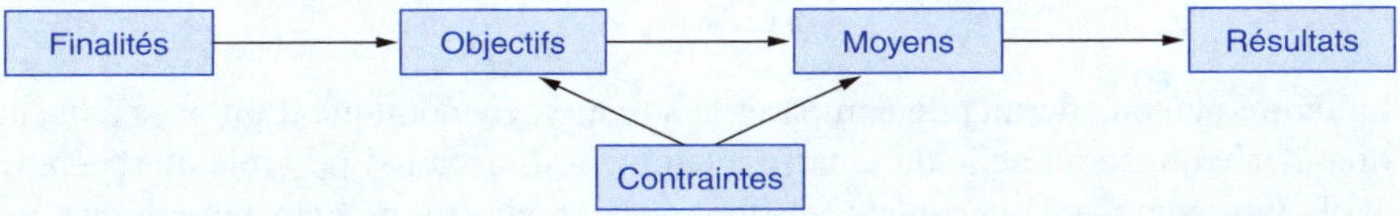

- Les politiques économiques conjoncturelles ont pour objet de maintenir ou de rétablir les grands équilibres économiques et financiers à court terme (équilibre sur le marché du travail, sur le marché des biens et services, équilibre extérieur...). Les politiques économiques structurelles visent à adapter, préparer, orienter les structures de l'économie à long terme pour suivre l'évolution du changement économique.

1 Les grands objectifs de la politique économique

- **Les cibles de toute politique économique** : selon Jan Tinbergen, on dénombre quatre objectifs principaux :
  - la croissance de la production,
  - le plein emploi des facteurs de production, c'est-à-dire l'absence de chômage et la pleine utilisation des capacités de production des entreprises,
  - la stabilité des prix (inflation maîtrisée),
  - l'équilibre extérieur (balance des transactions courantes équilibrée).

  Aujourd'hui, Xavier Greffe ajoute un cinquième objectif qui est la stabilité du taux de change.

- **La visualisation de la situation économique d'un pays** : elle peut s'opérer par l'intermédiaire du « carré magique » de Nicholas Kaldor.

Le carré magique de Kaldor

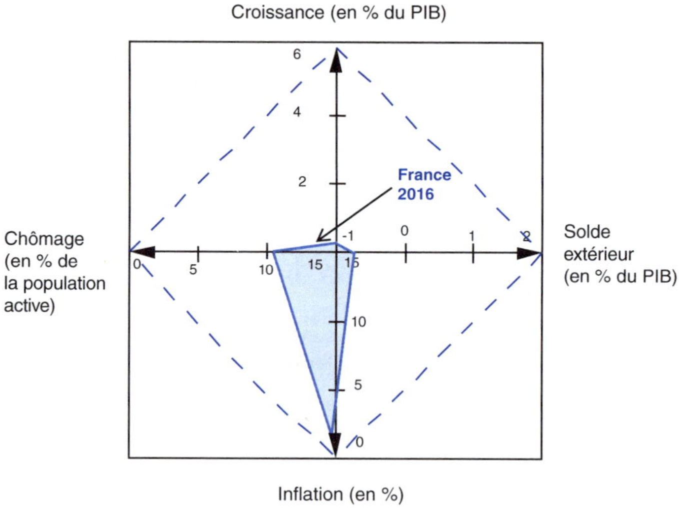

La figure obtenue permet de comparer la situation économique d'un pays à la situation idéale qui serait celle du « carré magique ». Il est aussi possible de repérer des évolutions en traçant des figures à différentes périodes sur un même graphique, voire de comparer plusieurs pays.

2 Les instruments traditionnels de la politique économique

- Ce sont les instruments qui permettent la réalisation des objectifs. Selon le **principe de cohérence** de Jan Tinbergen, une politique économique doit avoir autant d'instruments que d'objectifs.
- **La politique monétaire** : elle vise à réguler la croissance de la masse monétaire de manière à ce que la quantité de monnaie en circulation ne soit pas trop importante pour éviter l'inflation, mais suffisante pour assurer le volume des transactions et ne pas freiner l'activité économique. La principale source de création monétaire étant le crédit, la politique monétaire consiste essentiellement à agir sur le niveau des taux d'intérêt. Elle est définie et conduite par la Banque centrale européenne.
- **La politique budgétaire** : elle consiste en la prévision de l'ensemble des recettes et des dépenses de l'État sur une année. Dans une optique keynésienne, le **déficit budgétaire** permet un soutien de la demande interne et donc une relance de la croissance économique. La croissance étant, *a posteriori*, source de nouvelles recettes pour le budget de l'État.

- **La politique des revenus** : il s'agit de l'action des pouvoirs publics sur la formation des revenus des agents économiques. Elle permet de soutenir ou freiner la demande, d'alléger les coûts des entreprises. Elle s'appuie sur les transferts sociaux, les allocations du budget de l'État, les modifications du SMIC et des impôts.
- **La politique de change** : son objet est de limiter le risque de change auquel sont soumis les agents économiques, voire de renforcer la compétitivité-prix des entreprises nationales par rapport à leurs concurrents étrangers.

3 Les contraintes de la politique économique

- **L'incompatibilité des objectifs** : la politique économique consiste à faire des choix ou, plus exactement, à établir une hiérarchie entre les objectifs car il est souvent difficile de les atteindre tous en même temps, en raison de **contraintes internes et externes**.
- **Les contraintes internes** :
  - l'arbitrage inflation-chômage en est une illustration traditionnelle. En luttant contre le chômage par une relance de l'activité économique (soutien de la demande, hausse des salaires) on encourage l'inflation par la demande et par les coûts. Inversement, en luttant contre l'inflation (hausse des taux d'intérêt pour limiter le recours au crédit, freinage des salaires) on limite les possibilités de consommation et d'investissement, ce qui freine la croissance de la production et la création d'emplois ;
  - le financement de la protection sociale : le développement du chômage, le vieillissement de la population et les progrès de la médecine conduisent à une hausse des prestations sociales et donc des cotisations sociales. Cette hausse renchérit le coût du travail et freine l'embauche ;
  - les capacités de production des entreprises : à court terme, une hausse de la demande, alors que les capacités de production des entreprises sont saturées, génère des tensions inflationnistes.
- **Les contraintes externes** :
  - l'arbitrage entre croissance et équilibre extérieur : la relance de l'activité économique, pour favoriser la croissance, débouche sur une hausse des importations (biens de consommation et biens d'équipement), préjudiciable à l'équilibre extérieur. Ce phénomène dépend de la **propension marginale à importer** (rapport entre la variation des importations et la variation du PIB), ainsi que du niveau de l'activité à l'étranger ;
  - taux d'intérêt et taux de change : une baisse des taux d'intérêt, pour favoriser la croissance dans la zone euro, peut engendrer une fuite des capitaux hors de la zone euro et donc à une **dépréciation de la monnaie européenne**. Cette dépréciation est incompatible avec la volonté de stabilisation des changes entre, d'un côté les pays européens ayant adopté l'euro et, de l'autre, ceux qui participent aux mécanismes du « SME bis » autour de l'euro.

4 Les ordonnateurs de la politique économique

- L'impulsion, en matière de politique économique, n'est en général pas unique. Aux côtés des pouvoirs publics, on trouve aussi les banques centrales (qui sont de plus en plus indépendantes du pouvoir politique à l'image de la BCE), les collectivités locales (qui cherchent à améliorer l'attractivité de leurs territoires), les organismes supranationaux (l'Union européenne pour la politique agricole par exemple), ainsi que les professions organisées qui peuvent jouer un rôle de contre pouvoir ou de partenaires dans le cadre de négociations collectives (syndicats ouvriers et patronaux).
- Au total, la conduite de la politique économique apparaît comme une polyphonie face à laquelle l'intervention de l'État semble nécessaire pour éviter la cacophonie. Il s'agit la plupart du temps de concilier les différents intérêts politiques, économiques et sociaux. Selon l'expression de Denis Clerc, l'État joue le rôle d'un chef d'orchestre pour éviter que chacun ne joue sa partition séparément.

Application

L'efficacité de la politique économique.

Corrigé

Une politique économique est efficace si elle parvient à atteindre les objectifs fixés en économisant les moyens utilisés.

1. L'efficacité contestée des politiques économiques conjoncturelles

a) les grands équilibres sont spontanément atteints (loi de Say, équilibre automatique sur le marché du travail, rééquilibrage automatique des échanges extérieurs).

b) la politique économique peut permettre de rétablir le plein emploi sous certaines conditions (multiplicateur keynésien et conditions de son efficacité).

c) les anticipations des agents annulent les effets de la politique économique (anticipations adaptatives et rationnelles).

2. La reconnaissance de l'efficacité des politiques économiques structurelles

a) elles permettent le fonctionnement efficace des marchés (dérégulation, déréglementation, marchés contestables).

b) elles suppléent la régulation défaillante du marché (externalités, biens publics, monopoles naturels).

c) les motivations des dirigeants politiques ne sont-elles pas exclusivement électorales (École des choix publics) ?

Les politiques économiques contemporaines 29

Principes clés

- Une **politique de relance** est une politique économique qui a pour but de relancer l'activité économique, c'est-à-dire la croissance de la production, et donc l'emploi, par un soutien de la demande des ménages et des entreprises. Elle repose sur des politiques monétaire et budgétaire expansionnistes.
- Une **politique de stabilisation** est une politique économique qui vise à freiner l'activité économique, et donc le niveau des prix et des salaires, par des politiques monétaire et budgétaire restrictives.
- Une **politique structurelle** est un ensemble de mesures que les autorités mettent en œuvre pour modifier les structures de l'économie pour qu'elles s'adaptent aux changements économiques. On distingue des politiques industrielles, agricoles, d'aménagement du territoire, de recherche et développement, de formation et d'emploi.

1 Les politiques de relance

- **L'équilibre de sous-emploi dans la théorie keynésienne** : selon Keynes (1936), les entrepreneurs déterminent leur niveau de production, et donc d'investissement et d'emploi, à partir de la « **demande effective** », c'est-à-dire de l'anticipation de la demande à venir :

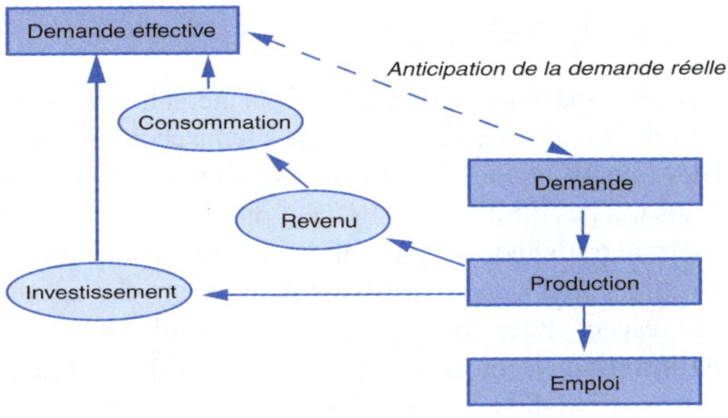

Rien n'indique *a priori* que l'anticipation de la demande, c'est-à-dire la demande effective, permette d'embaucher toutes les personnes désireuses de travailler. Le sous-emploi des facteurs de production s'avère possible.

- **Un soutien de la demande** : l'État peut intervenir pour modifier la perception que les agents économiques ont de la demande réelle. Cette intervention peut s'effectuer par des aides à la consommation, un relèvement des bas revenus et des aides à l'investissement, dans le cadre du **déficit budgétaire**. Ces mesures permettent la relance de l'activité et la création d'emplois. Il en résulte des rentrées fiscales supplémentaires, une baisse des coûts unitaires de production (économies d'échelle) qui réduisent les tensions inflationnistes et permettent de maintenir l'équilibre extérieur.
- **Des marges de manœuvre étroites** : les politiques de relance se heurtent tout d'abord au problème de la contrainte extérieure, comme ce fut le cas lors de la relance de 1981-82 en France. Le soutien de la demande profite aussi aux entreprises étrangères par le biais des importations, ce qui ne manque pas de détériorer l'équilibre extérieur. En outre, la contrainte budgétaire apparaît déterminante : dans le cadre du **pacte de stabilité et de croissance** entre les pays membres de l'Union économique et monétaire, le déficit ne doit pas dépasser 3 % du PIB, sous peine de sanctions (amendes à verser au budget de l'Union européenne) si le dépassement ne s'explique pas par des circonstances exceptionnelles (une récession économique de plus de 2 % sur au moins un an). En outre, le **Traité sur la stabilité, la coordination et la gouvernance** (TSCG, 2013) établit une « règle d'or budgétaire » : le déficit structurel ne doit pas dépasser 0,5 % du PIB. Il faut en effet comprendre que, désormais, un déficit budgétaire susceptible d'être financé par emprunt est source de tensions inflationnistes et de hausse des taux d'intérêt, pour l'ensemble des pays de la zone euro. Le pacte de stabilité et de croissance a donc pour objectif d'instaurer des garde-fous à toute dérive budgétaire.
- **La coordination des politiques de relance** : les pays qui entretiennent des relations commerciales étroites entre eux peuvent avoir intérêt à coordonner leurs politiques économiques. En effet, si tous pratiquent en même temps des politiques de relance de l'activité économique, les « fuites » vers l'extérieur, repérées dans le cas d'une relance isolée, seront profitables à tous.

2 Les politiques de stabilisation

- Les tenants des **anticipations rationnelles** considèrent, par exemple, que toute augmentation du déficit budgétaire conduit les agents économiques à anticiper une hausse future des impôts, et donc à épargner en prévision. Ce faisant, la hausse des revenus distribués n'a pas d'impact sur l'évolution de la demande. Les pouvoirs publics doivent s'efforcer d'annoncer et de suivre des politiques économiques transparentes de stabilisation, pour ne pas fausser les anticipations des agents. Ils obtiennent auprès d'eux, en respectant leurs engagements, une **crédibilité**.
- **Lutter contre l'inflation** : l'objectif principal d'une politique de stabilisation est dès lors de lutter contre l'inflation par le budget de l'État. La recherche de l'équilibre

budgétaire, voire de l'excédent, se substitue à la pratique keynésienne du déficit : un excédent permettra de relancer l'activité en cas de besoins sans hausse des impôts, ni création monétaire. Pour être sûr que les politiques annoncées seront effectivement suivies (crédibilité de la politique économique), il faut rendre les décideurs indépendants des pouvoirs publics (cas des banques centrales), voire interdire constitutionnellement tout déficit budgétaire (le pacte de stabilité et de croissance ne fait que le limiter).

3 De la régulation par l'État à la régulation par le marché

- **Desserrer les contraintes internes et externes de la politique économique** : c'est l'objet des politiques structurelles qui visent à adapter l'économie nationale aux changements de l'environnement international.
- **La politique commerciale stratégique** : les politiques industrielles actuelles réhabilitent le concept d'industrie naissante à travers la notion de politique commerciale stratégique. Une politique commerciale est qualifiée de stratégique si elle permet à une industrie dans l'enfance d'affronter la concurrence internationale, à l'exemple de la construction aéronautique et spatiale dans l'Union européenne. Paul Krugman montre la logique qui conduit au soutien d'Airbus face à Boeing.
- **Libéralisation et déréglementation** : les politiques structurelles consistent désormais à encadrer, et non pas orienter les mécanismes de marché. Il s'agit de dénationaliser, privatiser, de rétablir le jeu de la concurrence en condamnant les abus de position dominante, de flexibiliser l'emploi. L'action de l'État se porte essentiellement en amont des marchés pour soumettre l'économie à l'évolution de ceux-ci : aide à la recherche et développement (projet Esprit), aide à la formation (projets Eurêka et Erasmus), aide à l'innovation, amélioration de l'attractivité du territoire pour les investisseurs étrangers.

4 Anticipations et efficacité des politiques économiques

- **Milton Friedman** (1974) fait l'hypothèse que les **anticipations** des agents économiques sont **adaptatives**, c'est-à-dire qu'ils prévoient l'évolution des variables économiques (inflation, revenus par exemple) à partir des informations obtenues sur ces variables dans le passé, corrigée des écarts entre prévisions et observations. À court terme, il est possible de se tromper et de sous-estimer l'inflation. Ainsi, une banque centrale peut laisser filer l'inflation en vu de réduire le salaire réel et augmenter le volume de l'emploi, les agents interprétant les hausses de salaire nominal comme s'il s'agissait du salaire réel (illusion monétaire). Par contre, à long terme, les agents anticipent de mieux en mieux le niveau d'inflation et ne sont pas victimes d'illusion monétaire : la politique monétaire expansionniste devient inefficace.
- Toutefois, pour **John Muth** (1961), cette hypothèse n'est pas compatible avec la rationalité des individus. Les agents ne tiennent pas seulement compte des infor-

mations sur le passé pour faire des prévisions, mais aussi de toutes les informations qu'ils détiennent, y compris celles sur le futur, et qui pourraient avoir une influence sur les variables économiques dans l'avenir. Ainsi, une **anticipation rationnelle** est une anticipation basée sur le fait que les agents sont parfaitement informés, c'est-à-dire qu'ils ont accès à toute l'information disponible. On suppose, en conséquence, que les agents économiques connaissent par exemple le fonctionnement de l'économie, ou qu'ils s'en remettent à d'autres agents en qui ils ont confiance pour cela (syndicats par exemple). Par exemple, selon **Robert Barro** (1974), toute hausse des dépenses publiques conduit les agents à anticiper une hausse future des impôts et à ne pas consommer le supplément de revenu dont ils héritent, mais à épargner.

Application

Quelles sont les raisons qui rendent attrayante une relance de l'activité économique par le secteur du bâtiment et des travaux publics ?

Corrigé

« Quand le bâtiment va tout va ». Rien n'est moins sûr. Cet adage peut tout autant indiquer que le dynamisme du bâtiment est la résultante d'une bonne santé de l'économie, ou qu'il est une des causes essentielles de cette bonne santé.
En réalité, le problème est bien de savoir le rôle que joue le secteur du BTP dans l'activité économique. Beaucoup lui accordent un rôle supérieur à son poids dans la production nationale, allant même jusqu'à en faire un des vecteurs privilégiés des politiques de relance de l'activité économique. On entend ici par politique de relance, les politiques économiques qui visent à relancer la demande intérieure en agissant sur la consommation et l'investissement. Ainsi, la relance par le bâtiment générerait des enchaînements bénéfiques le long du circuit économique sans provoquer les déséquilibres classiques des politiques de relance générale.

1) Les politiques de relance se heurtent à des contraintes économiques :
   - le problème inflationniste (contrainte du taux d'inflation) ;
   - le problème du déséquilibre des échanges extérieurs (contrainte extérieure).
2) Une politique de relance par le bâtiment pour contourner les contraintes :
   - les effets d'entraînement sur le plan fiscal ;
   - l'évitement de la contrainte extérieure (le BTP est peu importateur) ;
   - le poids du BTP dans le PIB relativise quelque peu les effets d'entraînements.

Une relance par le secteur du bâtiment permet de contourner les contraintes classiques liées aux politiques économiques de relance, même si les effets en sont atténués du fait du faible poids du BTP dans le PIB français.

La construction économique européenne

30

Principes clés

- La construction européenne commence dans les années cinquante autour de six pays. Elle connaîtra à partir de cette date un double mouvement d'élargissement et d'approfondissement. L'élargissement se traduit par l'entrée de nouveaux membres, l'approfondissement par le renforcement de l'unification et l'extension des compétences européennes. C'est sous son aspect commercial qu'elle est aujourd'hui la plus aboutie.
- Les aspects de cette unification sont multiples : libéralisation progressive des échanges entre les pays membres, mise en place de nombreuses politiques communes, avancée vers une unification politique, monétaire, militaire... Ils sont exprimés dans les traités successifs (traité de Rome, Acte unique, traité de Maastricht, traité d'Amsterdam).
- La construction européenne se concrétise par l'existence d'institutions (Commission, Conseil des ministres, Parlement) dont le fonctionnement conduit à des décisions européennes qui s'imposent aux législations nationales.

1 Les grandes étapes de la construction européenne

- C'est dans les années cinquante que la construction européenne prend naissance avec la constitution de la Communauté européenne du charbon et de l'acier (CECA), puis la signature du **traité de Rome** (1957) créant la Communauté économique européenne (CEE) et la Communauté européenne de l'énergie atomique (Euratom). L'Europe est donc constituée de trois communautés.
- Ces traités regroupent au départ six pays, l'Allemagne, la Belgique, la France, l'Italie, le Luxembourg et les Pays-Bas. La CEE a alors surtout pour objectif de créer un **marché commun** en éliminant les droits de douane internes, en établissant un tarif extérieur commun et en libéralisant l'ensemble des échanges.
- Au cours des années soixante-dix et quatre-vingt, six pays rejoignent les Communautés : la Grande-Bretagne, l'Irlande et le Danemark en 1973, la Grèce en 1980, l'Espagne et le Portugal en 1986. L'Europe compte alors douze membres.

- La coopération économique instaurée par le traité de Rome prévoit « l'instauration d'un marché commun et le rapprochement des politiques économiques des pays membres afin d'en promouvoir le développement harmonieux ». Dans la réalité, l'union douanière a vite été mise en place par l'abandon des droits de douane. Mais la récession économique ralentit l'intégration économique et de nombreux obstacles aux échanges ont subsisté, notamment les barrières non tarifaires.
- **L'acte unique européen**, qui crée le **marché unique** relance la construction européenne en 1987. L'objectif est alors de libéraliser la totalité des échanges entre les pays membres.
- **Le traité de Maastricht**, signé en 1992, institue l'**Union européenne**, qui regroupe les trois communautés d'origine, transforme la CEE en Communauté européenne (CE), donne à l'Union des compétences en matière sociale, de politique étrangère et de sécurité, d'affaires intérieures et de justice. Il prévoit aussi la mise en place d'une Union économique et monétaire avec monnaie unique.
- En 1995, l'Autriche, la Finlande et la Suède, déjà membres de l'Espace économique européen (EEE) adhèrent à l'Union européenne, qui compte alors **quinze membres**.
- En 1997, le **traité d'Amsterdam** prévoit les modalités pratiques de l'unification monétaire. Il comporte un **pacte de stabilité et de croissance** qui oblige les pays membres à coordonner leurs politiques économiques.
- L'**entrée en vigueur** de l'euro en janvier 2002 marque un pas supplémentaire dans le processus d'approfondissement qui concerne douze des quinze pays membres. La zone euro comprend aujourd'hui dix-huit membres.

La poursuite du processus d'élargissement de l'Union européenne (28 membres aujourd'hui)

Années	Pays
2004	Estonie, Hongrie, Lettonie, Lituanie, Pologne, République Tchéque, Slovaquie, Slovénie, Malte, Chypre
2007	Bulgarie, Roumanie
2013	Croatie

- En 2016, suite à un référendum, l'Angleterre s'est engagée dans un processus de sortie de l'UE.

2 La constitution du marché unique européen

- L'entrée en vigueur de l'Acte unique en 1987 relance l'intégration commerciale européenne en fixant l'objectif de mise en place d'un **marché unique où circulent librement les marchandises, les services, les hommes et les capitaux**. De nombreuses entraves aux échanges sont éliminées et le marché unique entre en vigueur en 1993.
- **Les frontières physiques pour les échanges de marchandises** ont progressivement été levées. Cependant, l'ouverture du marché unique en 1993 n'a pas supprimé

toutes les frontières. En effet, des **écarts de fiscalité** subsistent entre les pays même si l'harmonisation est en cours. En ce qui concerne les **frontières techniques**, l'Europe a changé d'optique en admettant désormais qu'un produit légalement fabriqué et distribué dans un pays membre le soit dans tous les autres (principe de la reconnaissance mutuelle). Des normes européennes se mettent en place et l'harmonisation est réservée aux domaines touchant la santé et la protection des consommateurs.

- **La circulation des capitaux** est effective depuis la disparition du contrôle des changes au cours des années quatre-vingt. La libéralisation est donc totale et concerne notamment les crédits commerciaux, les opérations sur titres financiers et monétaires.
- **Les échanges de services** sont en voie de libéralisation totale. Ils ont contribué au renforcement de la concurrence dans de nombreux secteurs comme les transports aériens, les services financiers ou les télécommunications par exemple.
- **La circulation des personnes** connaît encore des limitations et le marché du travail européen est encore loin d'être une réalité. En outre, des contrôles aux frontières sont maintenus dans plusieurs pays de l'Union européenne.
- **L'Union européenne occupe une place prépondérante dans les échanges mondiaux** : l'Union européenne effectue plus de 38 % des échanges mondiaux de marchandises. Même si les échanges intra-communautaires ne sont pas pris en compte, sa part reste supérieure à 20 %, devant les États-Unis et le Japon. Elle est donc bien la première puissance commerciale mondiale.

3 Marché unique et politiques communes

- Les institutions européennes sont dotées de pouvoirs leur permettant de mener diverses politiques.

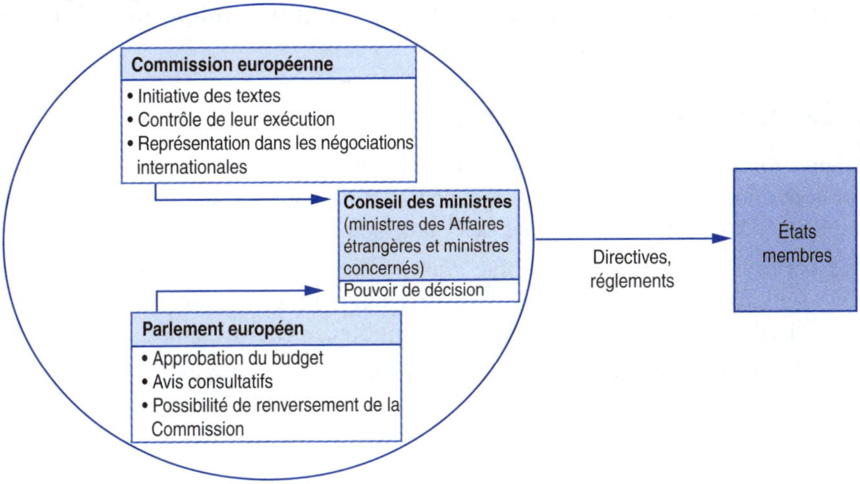

La Commission, le Conseil des ministres et le Parlement détiennent le pouvoir législatif européen. D'autres institutions interviennent également : la Cour de justice, la Cour des comptes, le Comité économique et social, la Banque européenne d'investissement.

- **La politique européenne de la concurrence** : le marché unique européen est le cadre d'un vive concurrence entre les entreprises. La conception libérale de ce marché implique une réglementation stricte des diverses pratiques qui pourraient en fausser le jeu. Ainsi, la Commission européenne possède des pouvoirs pour contrôler et limiter les ententes, les abus de position dominante, les concentrations, les aides des États aux entreprises, les réglementations nationales.
- **Une politique commerciale commune** est mise en place. Les pays membres donnent à l'Union européenne compétence pour conduire en leur nom les négociations internationales telles que celle de l'OMC. Cette politique a abouti à une protection assez limitée contre les importations étrangères.
- **La politique agricole commune**, si importante dans le budget européen, a été transformée. Très protectrice à l'origine, elle a conduit à des stocks pléthoriques et à une augmentation insupportable des dépenses agricoles. La réforme de 1992 limite le soutien aux prix agricoles pour se concentrer sur les aides directes aux agriculteurs et la limitation des productions excédentaires. D'autres réformes sont en cours.
- **Les politiques communautaires d'accompagnement** : d'autres politiques européennes sont menées parallèlement aux politiques majeures. Elles se distinguent des politiques majeures à plusieurs niveaux : moins contraignantes, n'entraînant pas de transferts de compétences et n'engageant pas forcément tous les États membres. **La cohésion économique et sociale** vise à réduire les écarts de développement et de niveau de vie entre les régions et les pays les plus favorisés et les autres. **La politique sociale**, menée sans la Grande-Bretagne, cherche à harmoniser les niveaux de protection sociale. **La politique des transports et la politique industrielle** font partie des politiques structurelles communes.

4 Le budget de l'Union européenne

- L'approfondissement de la construction européenne a entraîné une montée des interventions européennes, donc du budget de l'Union. Il ne représente cependant qu'une faible part des dépenses publiques des États membres.
- **Les recettes** sont constituées d'une contribution des États membres basée sur la TVA (environ 50 % des recettes), d'une ressource versée au prorata du PNB (27 % du total), des droits de douane perçus et des prélèvements agricoles.
- **Les dépenses** se structurent autour de cinq postes : croissance durable (42 % du total), préservation et gestion des ressources naturelles (45 %), citoyenneté, liberté, sécurité et justice (1 %), Union européenne en tant qu'acteur international (5,5 %), administration (6,5 %).

Application

Quelles nouvelles perspectives stratégiques la construction européenne offre-telle aux entreprises ?

Corrigé

Les entreprises ne sont pas insensibles à la construction européenne. L'élargissement du marché et la libéralisation des échanges leur offre de nouvelles perspectives commerciales. Néanmoins, pour être en mesure de profiter de ces avantages, elle ont un impératif de compétitivité. Dans certains domaines, celle-ci passe par la croissance externe, des alliances inter-entreprises voient le jour au niveau européen.

- **L'élargissement du marché et les nouvelles stratégies commerciales** : face à un marché élargi à plus de 300 millions de consommateurs, plusieurs stratégies commerciales sont envisageables, que l'on peut regrouper autour de deux grands axes : pénétration globale ou spécialisation. La pénétration globale peut s'appuyer sur une domination par les coûts, elle nécessite la maîtrise d'un réseau de distribution efficace au niveau européen. La taille du marché européen doit permettre aux meilleures entreprises d'augmenter leurs ventes.
- **Les stratégies d'alliance inter-entreprises** : l'élargissement du marché européen a augmenté la « taille critique » des entreprises. Pour rester compétitives, les alliances sont parfois nécessaires. Dans de nombreux domaines, en particulier dans l'industrie, les stratégies de partenariat semblent l'emporter, dans un souci de compétitivité, sur la concurrence frontale. Des « entreprises européennes » apparaissent.

31 L'unification monétaire européenne

Principes clés

- Le rapprochement économique des pays de l'Union européenne a une composante monétaire dont l'objectif s'est progressivement transformé. Dans le mécanisme initial mis en place en 1978, le **système monétaire européen (SME)**, il s'agissait de limiter les fluctuations des monnaies européennes les unes par rapport aux autres en établissant des marges limitées autour de cours-pivots. L'objectif était donc clairement la stabilité monétaire dans un contexte mondial de flottement après les accords de la Jamaïque.
- Depuis la conclusion du traité de Maastricht et la mise en route de l'**Union économique et monétaire**, l'objectif est devenu celui d'une **monnaie unique** dans les pays de l'Union européenne. Le **traité d'Amsterdam** a prévu les conditions dans lesquelles cette unification aurait lieu.
- L'**euro** est entré en vigueur en janvier 2002 dans douze des quinze pays qui constituaient alors l'Union européenne. La zone euro compte aujourd'hui 19 membres.

1 Le système monétaire européen

- **Le Système monétaire européen** a été mis en place en 1979 après une première tentative infructueuse de stabilisation monétaire européenne (« serpent monétaire »). C'est une réaction au flottement généralisé des monnaies entériné en 1976 à la Jamaïque.
- Les États membres de la Communauté européenne décident d'instaurer entre leurs monnaies un **système de changes fixes ajustables** afin de favoriser les échanges européens. Une unité commune, l'écu, sert à établir des cours-pivots bilatéraux autour desquels la fluctuation maximale autorisée est de plus ou moins 2,25 %.

- Un mécanisme de **coopération entre les banques centrales** leur permet d'intervenir pour maintenir les monnaies entre le cours-plancher et le cours-plafond. Les parités sont révisables pour donner plus de souplesse au système. Treize réajustements auront lieu entre 1979 et 1993.
- L'écu instauré par le SME est un **panier de monnaies**. Sa valeur est une moyenne de celle des monnaies européennes pondérées par les poids respectifs de chaque économie. L'avantage de ce mode de calcul est de fournir une grande stabilité à la valeur de l'écu. L'**écu privé** se développe parallèlement à l'**écu officiel** dans des circuits financiers utilisant la même unité de compte. Cette unité est par exemple utilisée pour émettre des titres financiers à vocation internationale dont l'intérêt réside évidemment dans la stabilité.
- Les **crises monétaires de 1992 et 1993** remettent en cause le fonctionnement du SME. Par deux fois, en 1992 puis en 1993, après une longue période de stabilité, des monnaies européennes sont attaquées sur le marché des changes, notamment par des mouvements de capitaux à caractère spéculatif. En 1993, devant la généralisation des attaques, les **marges de fluctuations sont portées à plus ou moins 15 %**. Le SME est donc transformé et admet des fluctuations relativement importantes. Après 1993, au prix parfois de contraintes importantes, les parités sont maintenues entre les monnaies des douze pays intégrés au processus de monnaie unique.

2 L'Union économique et monétaire et l'introduction de l'euro

- **L'Union économique et monétaire** peut être considérée comme l'aboutissement du processus d'unification relancé avec la mise en place du marché unique. En effet, la multiplication des échanges entre les pays européens rend de plus en plus intéressante l'idée d'une **monnaie unique**. Les entreprises, les particuliers, les agents économiques des États membres ont à y gagner en matière de coûts de transactions, de prévision, de risque de change.
- Le traité de Maastricht avait défini **trois phases** dans la réalisation de l'UEM. La première, entre 1990 et 1993, a permis de libéraliser les mouvements de capitaux et de mettre en place le marché unique. La deuxième a permis aux économies européennes de converger. Pour cela, des **critères de convergence** avaient été définis :

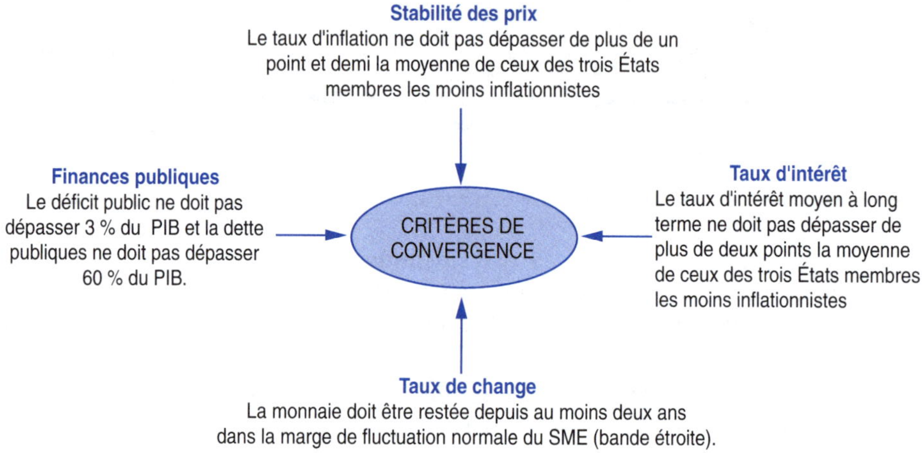

La troisième phase, celle de l'adoption de l'euro, a été suivie, à ce jour, par dix-neuf des vingt-huit pays membres de l'UE.

- Trois pays bénéficient de clauses d'exemptions de la monnaie unique : le Danemark, la Suède et la Grande-Bretagne. Il peuvent rester dans l'Union européenne sans passer à la troisième phase mais ont vocation à en faire partie dans l'avenir.
- L'UEM a aussi pour objectif la **convergence des politiques économiques**. Libérés de la contrainte monétaire, les États pourront continuer à utiliser l'instrument budgétaire, mais de façon coordonnée. D'autre part, l'introduction d'une monnaie unique **retire une contrainte de politique économique** aux autorités monétaires : celle du taux de change, donc de la balance des paiements. En contrepartie, les États perdent leur indépendance monétaire au profit d'une politique monétaire européenne.
- L'Union économique et monétaire a mis en place un système européen de banques centrales avec une **Banque centrale européenne** chargée des missions de mise en œuvre de la politique monétaire, de contrôle de la masse monétaire européenne et de réalisation de la stabilité monétaire. Les banques centrales nationales relaient l'action de la BCE et exercent le contrôle sur les institutions financières nationales.

3 L'avenir de l'Union économique et monétaire

Tous les États membres de l'Union peuvent rejoindre la zone euro. Au préalable, les candidats à l'entrée doivent passer au minimum deux ans dans le mécanisme de change européen afin de démontrer leur capacité à maintenir une parité stable.

Depuis 2014, face aux menaces de faillites bancaires suite à la crise des « *subprimes* » puis des « dettes souveraines », a été mis en place un « mécanisme de surveillance unique

» (MSU) : la Banque centrale européenne (BCE) devient le superviseur prudentiel central des établissements bancaires de la zone euro (environ 6 000 banques) et des pays non-euro qui décident de participer au MSU. La BCE contrôle directement les plus grandes banques tandis que les autorités nationales continuent de superviser les autres, plus petites. De plus, un mécanisme de résolution unique (MRU) est adopté en cas de faillite d'une banque malgré les contrôles ; il vise à limiter les effets négatifs sur l'activité économique et les contribuables. Enfin, si une banque devait être placée en liquidation, un système européen de garantie des dépôts permet aux déposants d'être assurés de récupérer les sommes déposés à hauteur de 100 000 euros.

4 Construction monétaire européenne et perte de l'autonomie monétaire

- La contruction monétaire européenne a conduit les États membres à défendre la parité de leur monnaie, et donc à réduire au maximum le différentiel d'inflation avec les autres. L'impératif de convergence a renforcé cette obligation et a contraint les gouvernements européens à mener une politique monétaire restrictive. Cette perte d'autonomie peut être présentée dans le « triangle de Mundell », qui symbolise l'incompatibilité entre l'autonomie de la politique monétaire, la stabilité des changes et la libre circulation des capitaux. Le choix de la construction monétaire européenne est de privilégier la libre circulation des capitaux et la stabilité des changes. L'abandon de l'autonomie de la politique monétaire peut être considéré comme une contrainte de cette construction puisqu'elle retire un instrument de politique économique aux gouvernements.

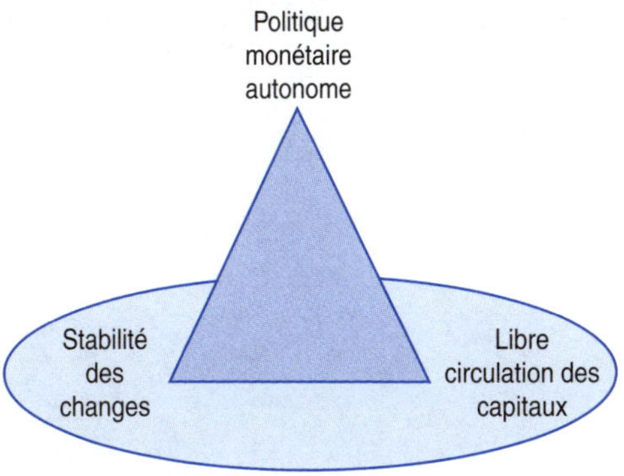

Application

Quels sont les atouts de la monnaie unique pour les économies européennes ?

Corrigé

La monnaie unique, entrée en vigueur définitivement à partir de 2002 pour douze pays de l'Union européenne, s'inscrit dans le cadre de l'achèvement du marché unique européen et facilite les échanges. Elle desserre la contrainte extérieure des États membres et peut conférer les avantages d'une monnaie forte.

- La mise en place de la monnaie unique dans les échanges européens supprime les opérations de change. Elle permet des économies de coûts de transaction pour les banques, les entreprises, les pouvoirs publics et les ménages. En outre, la suppression du risque de change est favorable aux transactions intra-européennes qui deviennent de simples opérations d'achat et de vente de biens et services, sans contrainte supplémentaire.
- L'utilisation d'une monnaie unique dans les États membres de l'Union européenne permet de ne pas avoir à compenser les éventuels déséquilibres de transactions courantes par des politiques restrictives de soutien à la monnaie nationale (augmentation des taux d'intérêt). C'est une marge de manœuvre supplémentaire pour les dirigeants économiques.
- Les modalités de mise en place de la monnaie unique (critères de convergence) et l'importance monétaire des pays membres doivent faire de la monnaie unique une monnaie forte ; elle est de plus en plus utilisée comme instrument de paiement et de réserve international. Sa mise en place a conduit dans un premier temps à une diminution de la tension sur les taux d'intérêt, favorable aux investissements.

Ces avantages, pour l'instant limités à 19 pays, ne doivent pas faire oublier les menaces qui pèsent sur la zone euro. La crise qui s'est déclenchée dans la zone euro à l'automne 2009 illustre à la fois l'échec de la discipline budgétaire (avec une dissimulation des déficits dans le cas de la Grèce) et la tentation, pour certains États, d'abandonner la monnaie unique lorsque celle-ci apparaît comme une contrainte trop lourde face à un endettement devenu insupportable.

Les politiques économiques européennes

32

Principes clés

- L'Union européenne constitue un vaste espace économique mais également politique. La dimension politique est d'autant plus importante que les centres de décisions sont centralisés ou décentralisés et que les intérêts des différents États membres peuvent être divergents. De plus, les enjeux s'inscrivent à la fois sur le court terme et sur le long terme et sont pris en compte par les **politiques conjoncturelles et structurelles**.
- Avec l'arrivée de l'euro, le problème de la **coordination des politiques budgétaires** des différents États membres **et de la politique monétaire** se pose. Organisée autour d'un centre de décision centralisé, la banque centrale européenne, la politique monétaire présente la particularité de s'imposer à l'ensemble des pays membres de la zone euro, tout en ne concernant pas les autres États membres de l'Union qui n'ont pas encore adhéré au projet de monnaie unique européenne.
- Sur le plan structurel, les politiques économiques ont de multiples objectifs. Elles doivent, tout d'abord, contribuer à accélérer la **convergence en matière de développement économique et social**. De plus, à travers la politique de concurrence, la politique commerciale commune ou bien encore la politique agricole commune, les pouvoirs publics doivent assurer une mission de régulation des marchés.

1 Contraintes et objectifs des politiques conjoncturelles

- Les décisions en matière de politique monétaire sont prises par le **Conseil des gouverneurs**. La banque centrale européenne a pour objectif principal de maintenir la stabilité des prix dans la zone euro même s'il est stipulé également dans le traité de Maastricht que les autorités monétaires se doivent d'apporter leur soutien aux politiques économiques des États membres.

- La politique de change qui reste du ressort des autorités politiques est mise en œuvre par la banque centrale européenne. Cette dernière doit arbitrer entre un euro fort qui contribue à maîtriser l'inflation et une monnaie européenne faible par rapport au dollar, ce qui va à l'encontre de l'objectif de stabilité des prix mais favorise le commerce extérieur européen. L'importance de cet arbitrage doit être relativisée au regard du faible degré d'ouverture de la zone euro.
- Les politiques budgétaires conservent leur caractère national. Elles sont contraintes par le **Pacte de stabilité et de croissance** qui mentionne que les déficits budgétaires ne doivent pas dépasser 3 % du PIB et par la clause de non renflouement qui interdit aux États membres de venir en aide à l'un d'entre eux si celui-ci rencontre des difficultés de financement.
- Un problème politique majeur se pose lorsque surviennent des **chocs asymétriques**, frappant de manière inégale, comme leur nom l'indique, les économies européennes. Dans ce cadre et du fait de la faible mobilité du facteur travail en particulier, des déséquilibres importants en matière de chômage et d'inflation peuvent apparaître et persister, comme le montre la théorie des zones monétaires optimales de Mundell. Ce contexte rend la politique monétaire commune inopérante et nécessite une bonne articulation entre les différentes politiques conjoncturelles.

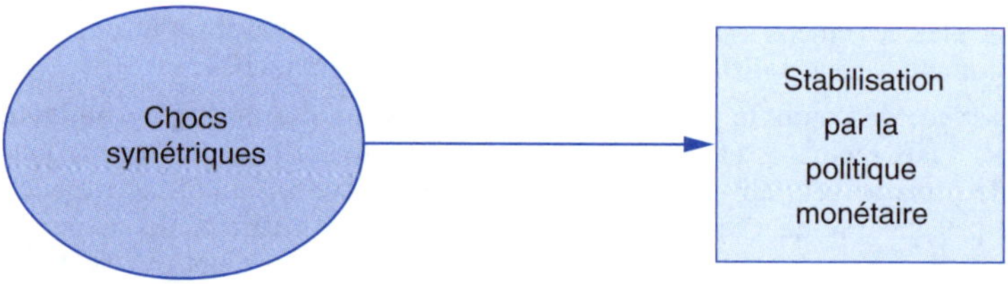

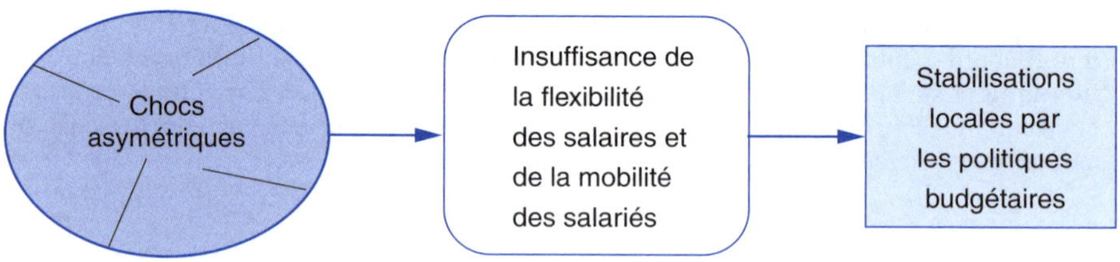

2 La problématique de l'articulation des politiques conjoncturelles

- Contraintes par les niveaux importants des déficits budgétaires et surtout de dettes publiques, les politiques budgétaires ne peuvent jouer que difficilement un rôle actif en matière de stabilisation conjoncturelle. À terme toutefois, lorsque des marges budgétaires pourront être dégagées, se posera, alors, le problème de la bonne articulation entre les politiques budgétaires et monétaires (*policy mix*). Mais ce problème ne saurait être résolu lui-même sans une **coordination des politiques budgétaires**.

- Actuellement, la coordination des politiques budgétaires est assurée de manière informelle entre les différents États membres au sein de l'**Eurogroupe**, organe informel réunissant les ministres des Finances des pays membres de la zone euro, et du **conseil Ecofin** qui réunit cette fois les ministres des Finances des pays membres de l'Union. Cette coordination demeure cependant difficile en raison des divergences d'intérêts qui peuvent apparaître et pose la question de la mise en place d'un fédéralisme budgétaire qui aboutirait à une centralisation des décisions et qui s'appuierait sur un budget européen.

Les différents niveaux de coordination

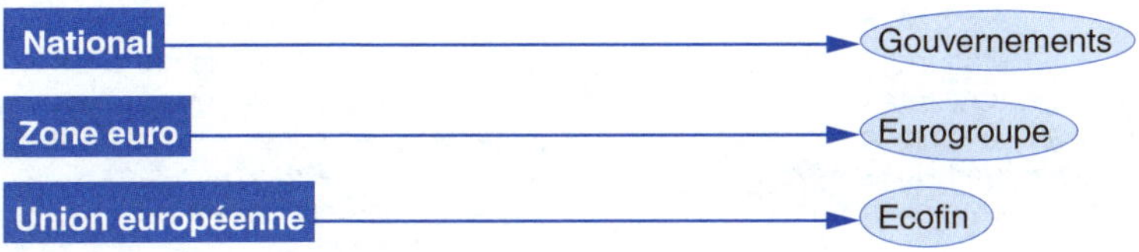

- L'utilisation du budget européen à des fins conjoncturelles pour venir en aide aux économies qui rencontrent des difficultés n'est toutefois pas à l'ordre du jour. D'une part, de nombreuses divergences sont apparues concernant le financement du budget européen et la contribution des différents États membres. D'autre part, le budget européen reste un instrument dédié à des objectifs de long terme dans le cadre de politiques structurelles.

3 Les politiques structurelles : réguler, harmoniser, consolider

- **La politique agricole commune** consomme environ 40 % des dépenses du budget européen et en constitue le poste le plus important. Cette politique vise à garantir, notamment, un niveau de prix aux agriculteurs de l'Union européenne. Les instruments de cette politique qui prennent la forme de subventions et de taxation des importations sont une des causes essentielles des conflits commerciaux entre les États-Unis et l'Europe.
- Le deuxième poste important du budget européen correspond aux **fonds structurels** qui doivent permettre d'améliorer la cohésion économique et sociale de l'espace européen. Cette action passe, essentiellement, par des aides aux régions qui enregistrent un retard de développement ou qui connaissent des difficultés structurelles afin de favoriser leur reconversion.
- Sur le long terme, la Commission européenne doit veiller à la **régulation des marchés**. Face au démantèlement des monopoles publics, il s'agit d'instaurer le jeu concurrentiel tout en préservant la notion de service universel afin de protéger les consommateurs en imposant aux entreprises une obligation minimale de service public. De plus, à travers sa **politique de concurrence**, la Commission européenne sanctionne les pratiques concurrentielles déloyales et les positions dominantes résultant de phénomènes de concentration.

- Même si les États membres sont parvenus à un accord sur la fiscalité de l'épargne en novembre 2000, le jeu concurrentiel demeure faussé en raison de l'hétérogénéité de l'espace européen en matière fiscale et sociale. Ces divergences peuvent, en effet, être utilisées par certains États membres pour pratiquer un double ***dumping*** **à la fois fiscal et social** afin d'attirer les entreprises sur leur sol.
- À la frontière des politiques conjoncturelles et structurelles, un **Pacte européen pour l'emploi** a été adopté en 1999 visant à améliorer la lutte contre le chômage. Ce pacte prévoit les différents points suivants :

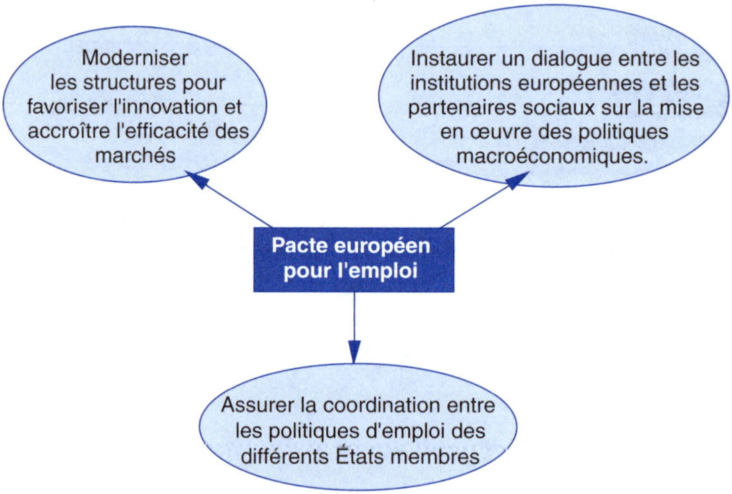

4 L'encadrement des politiques économiques européennes

- Pour finaliser le projet euro, les États membres ont dû respecter des critères de convergence qui leur imposent des règles de discipline budgétaire (déficit public contenu sous un plafond de 3 % du PIB et dettes publiques ne devant pas dépasser 60 % du PIB). Avec l'adoption de l'euro, ces critères de convergence sont devenus Pacte de stabilité et de croissance qui contraignait également les États à un devoir d'information annuelle quant à la situation de leurs finances publiques.
- Jugé trop contraignant, le Pacte a subi un certain nombre d'aménagement. Ainsi, si la règle du seuil de 3 % a été conservée, pour éviter toutes menaces sur la stabilité des prix et de la monnaie européenne sur le marché des changes, les États membres ont considéré qu'une plus grande souplesse d'application pouvait être envisagée. Les dépenses œuvrant à l'unification de l'Europe et celles consacrées à la recherche et à l'innovation ont notamment fait l'objet d'une tolérance plus grande en cas de dépassement des déficits.

- La crise de l'euro en 2009 a provoqué un nouveau durcissement en matière de discipline budgétaire notamment sous l'influence de l'Allemagne qui avait adopté une règle constitutionnelle (un « frein constitutionnel à l'endettement ») visant à interdire aux politiques tout déficit budgétaire. Connue sous le nom de « règle d'or » et adoptée dans le cadre du **Traité sur la stabilité, la coordination et la gouvernance** (TSCG, 2013), elle établit que le déficit structurel ne doit pas dépasser 0,5 % du PIB.
- Cette mesure permettrait d'éviter toute dérive politicienne ou de mauvaise gestion dans la gouvernance des finances publiques. La mise en œuvre d'un tel dispositif qui s'ajoute à l'indépendance de la Banque centrale européenne pose la question du jeu démocratique et de la limitation de celui-ci. De telles règles ne laissent plus, en effet, beaucoup de marges de manœuvre aux gouvernants quant à la conduite de la politique économique.

Application

Cohésion ou convergence des économies européennes ?

Corrigé

- La construction du marché unique s'est inscrite dans la croyance en une plus grande efficacité des marchés. La libre concurrence dans la zone européenne doit permettre d'accroître la compétitivité des entreprises et d'apporter une plus grande satisfaction aux consommateurs.
- La création d'une zone monétaire doit permettre de rendre plus efficace le fonctionnement des marchés. L'arrivée de l'euro a toutefois nécessité de rechercher une plus grande convergence des économies européennes. Les critères retenus ont été des critères de convergence nominale privilégiant la dimension monétaire. La question reste posée de savoir si marché unique et monnaie unique suffisent à assurer le bon fonctionnement de l'espace économique européen ?
- Pour juger de l'efficacité du jeu concurrentiel, il est nécessaire d'analyser le cadre dans lequel il s'exerce. Il s'agit alors de s'intéresser, non plus, à la convergence nominale des économies mais à la cohésion de l'espace européen, en d'autres termes à la convergence réelle des économies. Il apparaît alors que la zone monétaire demeure encore un espace hétérogène.
- Sur le plan social et fiscal, de nombreuses divergences entre les pays existent qui peuvent rendre la concurrence déloyale. De même, des différences structurelles importantes, en matière de développement par exemple, subsistent encore aujourd'hui qui font que les économies ne sont pas armées de la même manière pour faire face au jeu concurrentiel.
- Cette insuffisance d'homogénéité de l'espace économique européen ne remet pas en cause la construction de l'Union européenne mais constitue, toutefois, un axe à privilégier pour les politiques économiques.

33 Le marché du travail

1. L'offre de travail
2. La demande de travail
3. Le marché du travail n'existe pas
4. La flexibilité du travail

Principes clés

- Le marché du travail est le lieu théorique de rencontre entre l'offre de travail et la demande de travail. L'offre de travail émane des travailleurs qui proposent leur force de travail, alors que la demande de travail provient des entreprises qui ont besoin de la force de travail pour produire. La rencontre entre l'offre et la demande aboutit à un prix, le salaire d'équilibre, et à une quantité échangée de travail.
- La demande de travail constitue l'offre d'emplois, alors que l'offre de travail représente la demande d'emplois. Les quantités demandées de travail évoluent en sens inverse du salaire sur le marché, alors que les quantités offertes de travail évoluent en même temps que le salaire.

1 L'offre de travail

On peut considérer l'offre de travail comme l'ensemble des capacités physiques et intellectuelles que les hommes mettent en œuvre pour produire les biens et services nécessaires à leurs besoins. L'offre de travail, en quantité et en qualité, est ainsi définie comme une force disponible pour produire.

- **La population active** est constituée de l'ensemble des personnes qui exercent un emploi ainsi que celles n'ayant pas d'emploi, désireuses d'en occuper un et menant une recherche active pour cela. Au total, la population active comprend les actifs occupés et les chômeurs, ce qui représente aujourd'hui 28,5 millions de personnes.
- **La durée du travail** revêt différentes formes : durée journalière, hebdomadaire, annuelle ainsi que la durée de vie active. On s'intéresse de plus en plus à la durée annuelle du travail qui, souvent, est la seule qui permet de faire des comparaisons internationales. Toutefois, quel que soit le critère retenu, la tendance est à la baisse de la durée du travail : diminution du travail hebdomadaire, allongements des congés payés, prolongement des études, baisse de l'âge de la retraite.
- **Le volume de l'offre de travail** dépend donc de l'évolution de la population active (démographie, solde migratoire, montée des taux d'activité féminins et baisse des taux masculins) et de la variation de la durée du travail (en fonction de la législation sociale).

- **La qualité de l'offre de travail** s'observe au travers de la **productivité du travail**, définie elle-même comme le rapport entre la production et la quantité de travail fournie. On observe des progrès de productivité relativement lents jusqu'au lendemain de la Seconde Guerre mondiale, laquelle marque une rupture avec une croissance annuelle de 5,5 % de la productivité jusqu'au début des années soixante-dix, contre 2 % de 1900 à 1940. Puis, la croissance de la productivité ralentit progressivement pour revenir à un rythme proche de 2 % depuis près de 20 ans. Toutefois, la qualité du facteur travail peut également s'appréhender sous l'angle de la qualification des actifs. On observe alors que le degré de qualification augmente dans le temps ; on compte en effet de plus en plus de diplômés dans la population active de génération en génération. Enfin, la structure par âge de la population active a une influence sur la productivité du travail : une population trop jeune manque d'expérience alors qu'une population trop âgée manque de dynamisme.

2 La demande de travail

- **La demande de travail est fonction du prix du travail** : pour les auteurs néoclassiques, l'entreprise ne demande du travail que lorsque le salaire (prix du travail) est inférieur à la productivité marginale. En d'autres termes, le niveau d'embauche s'arrête à partir du moment où le dernier embauché coûte plus qu'il ne rapporte. En outre, lorsque le prix du travail est trop élevé, les entreprises substituent du capital au travail.
- **La demande de travail dépend de la demande effective** : les auteurs keynésiens considèrent que les entrepreneurs anticipent l'évolution de la demande qui s'adresse à eux et en déduisent alors le niveau de la production à réaliser. Ce niveau de production indique alors un niveau d'emploi. Il se peut fort bien que le niveau de la demande effective (anticipation de la demande future) soit insuffisant pour embaucher toute la main-d'œuvre disponible : on débouche alors sur un équilibre de sous-emploi des facteurs de production.

3 Le marché du travail n'existe pas

Au sens courant, le marché du travail désigne bien entendu la situation de l'emploi à un moment donné dans une économie donnée (nature des emplois disponibles, qualifications requises).

Cependant, la notion théorique de marché du travail est discutable.

- **Le travail n'est pas un bien homogène** : on pourrait dire, en effet, qu'il existe autant de marchés du travail que de nature de travail. Il semble difficile, par exemple, de déterminer un salaire unique qui vaudrait à la fois pour un employé du bâtiment et un ingénieur commercial.

- **La segmentation du marché du travail** : le développement des emplois précaires (intérim, contrats à durée déterminée, stages et apprentissages) conduit à nouveau à remettre en cause l'idée d'un marché unique du travail. On peut ainsi opposer un marché primaire du travail qui concernerait les grandes entreprises et sur lequel les emplois seraient mieux payés, mieux qualifiés et plus stables, à un marché secondaire sur lequel se trouveraient les petites entreprises et qui serait marqué par la précarisation des emplois et une moindre rémunération. Il est à noter que cette segmentation s'observe également à l'intérieur de l'entreprise : au marché interne des meilleurs emplois qui fonctionne par promotion et gestion de carrière, s'oppose un marché externe qui concerne les emplois les moins qualifiés, les moins bien rémunérés et les moins stables.

4 La flexibilité du travail

La flexibilité du travail

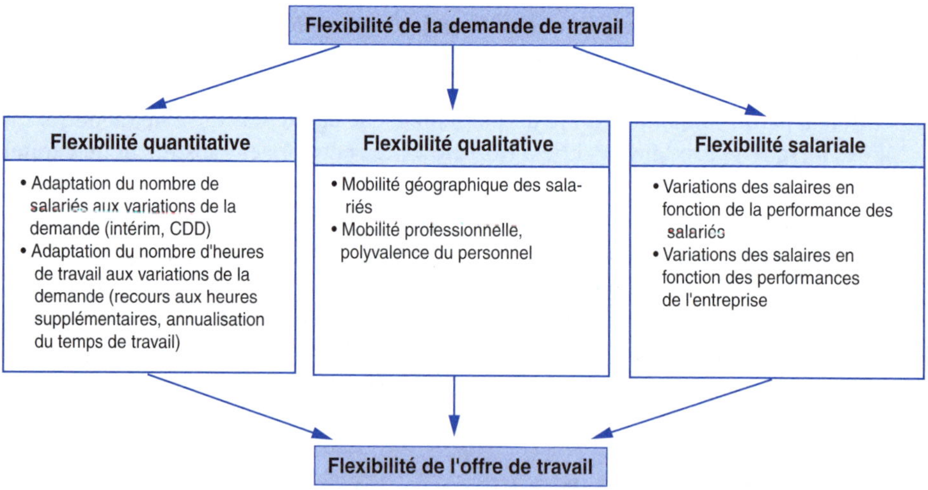

D'une manière générale, la flexibilité constitue la capacité de l'entreprise à s'adapter aux changements de son environnement.

Il s'agit d'une flexibilité au niveau micro-économique qui est obtenue en flexibilisant le facteur travail, au niveau micro- et macro-économique.

Application

La précarisation de l'emploi en France

Formes particulières d'emploi (milliers)					
En moyenne dans l'année	2002	2005	2009	2012	2015
Intérimaires	514	548	419	503	565
CDD[1]	897	1 713	2 103	2 179	2 370
Apprentis	274	335	351	390	365
CDI[2]	18 942	19 172	20 001	19 727	19 560

1. Contrats à durée déterminée
2. Contrats à durée indéterminée

Source : Enquêtes emplois, Insee

1. Qu'est-ce qu'un emploi précaire ?
2. Calculer la progression de chaque type d'emploi précaire de 2002 à 2015.
3. Comment expliquer la progression des emplois précaires ?

Corrigé

1. Un emploi précaire, ou forme particulière d'emploi, correspond à un emploi différent d'un contrat à durée déterminée (CDI). Un CDI est un emploi à temps plein, durable, qui lie de manière directe un employeur et un travailleur. Par opposition, un emploi précaire est donc un emploi instable, ou à temps partiel, ou reliant le travailleur à l'entreprise par un intermédiaire (agence d'intérim).

2.

	Coefficient multiplicateur entre 2002 et 2015
Intérimaires	1,1
CDD	2,64
Apprentis	1,33
Total emplois précaires	**1,95**
CDI	**1,03**

3. On constate que le nombre d'emplois précaires dans le secteur privé a été multiplié par près de 2 en 13 ans. L'évolution de l'intérim et des CDD manifeste la volonté des entreprises de flexibiliser le travail. Le CDD est souvent un passage obligé avant un éventuel CDI dans l'entreprise, alors que l'intérim permet de faire face à des variations brutales d'activité sans avoir à recruter.

Il faudrait ajouter ici les emplois précaires du secteur public (on recense, en mars 2015, plus de 930 000 contractuels dans la fonction publique), pour mieux appréhender le phénomène de précarisation des emplois.

34 Le chômage

Principes clés

- Le chômage est constitué, selon l'Insee et d'après la définition du **Bureau international du travail** (BIT), des personnes qui satisfont aux trois conditions suivantes : être à la recherche d'un travail, être disponible pour occuper un emploi, être sans emploi.
- Le **taux de chômage** est le rapport entre le nombre de chômeurs et la population active.

1 La mesure du chômage

- **Les chiffres du chômage** : ils sont obtenus à partir des inscriptions à Pôle Emploi en fin de mois, et à partir de l'enquête annuelle sur l'emploi de l'Insee :

Source	Pôle Emploi	Institut national de la statistique et des études conomiques (INSEE)
Appellation	Demandeur d'emploi en fin de mois (DEFM)	Population sans emploi à la recherche d'un emploi (PSERE)
Critères	Être sans emploi ou avoir une activité réduite. Être disponible pour travailler. Être inscrit sur les listes.	Ne pas avoir d'emploi et n'avoir même pas travaillé une heure au cours de la semaine. Être disponible dans les 15 jours. Avoir effectué des démarches réelles dans le mois précédent.
Méthode	Comptabilisation des inscriptions en fin de mois.	Enquête annuelle par sondage
Chiffres juin 2016	3 506 600	2 882 000

- **Le chômage en termes de flux et de stocks** : le nombre de chômeurs constitue le stock de chômage à un instant donné ou, en d'autres mots, une photographie du chômage. Cette donnée chiffrée n'est pas suffisante pour comprendre l'ampleur du chômage. En effet, le stock peut, d'une période à l'autre, avoir peu varié, alors que le flux d'entrées et de sorties peuvent avoir modifié la structure du stock. Sur une nouvelle photographie du chômage, à un instant différent, on ne retrouve pas les mêmes « têtes ». Si le nombre de chômeurs est identique ce ne sont pourtant pas les mêmes chômeurs : certains ont disparu du chômage, d'autres sont apparus. Il convient donc de s'intéresser à l'ancienneté moyenne de chômage et au chômage de longue durée. Ainsi, en moyenne en 2015, les chômeurs de 12 mois et plus représentent 42,6 % du total des chômeurs en France contre 10 % au États-Unis. En France, l'ancienneté moyenne de chômage est de 15,8 mois fin 2015.

- **Les inégalités face au chômage** : on distingue traditionnellement trois types d'inégalité face au chômage :
  - entre les hommes et les femmes du fait que le taux de chômage féminin est traditionnellement plus élevé que le taux de chômage masculin sauf depuis 2013, date qui marque pour la première fois une inversion de tendance. Ainsi, en 2015, le taux de chômage masculin était de 10,5 % contre 9,5 % pour les femmes ;
  - entre les diplômes, un diplôme élevé apparaissant comme une meilleure protection. Ainsi, les titulaires d'un diplôme supérieur à « bac + 2 » connaissent un taux de chômage de 6,2 % en 2015 contre 16,8 % pour les « sans diplômes » ;
  - entre les catégories d'âge. Ainsi, pour les hommes de 15 à 24 ans, le taux de chômage est de 24 % en 2015, contre 6,8 % pour les plus de 50 ans. Toutefois, les travailleurs plus âgés subissent une période de chômage plus longue (60,1 % des chômeurs de 50 ans et plus le sont depuis plus d'un an en 2015, contre 26,8 % « seulement » pour les jeunes de 15 à 24 ans).

2 Les causes du chômage

- **Le ralentissement de l'activité économique** : dans cette situation, la demande qui s'adresse aux entreprises stagne ou diminue et celles-ci réajustent à la baisse leur volume de main-d'œuvre pour l'adapter au volume de la production. Ce faisant, les licenciements économiques se multiplient et augmentent le niveau du chômage. En tout cas, même en l'absence de licenciements, le volume d'emplois créés peut s'avérer insuffisant face au solde des entrées (fin d'études) et sorties du marché du travail (retraites). Dans ce cas d'insuffisance de la demande globale, on parle de **chômage keynésien**.
- **Le coût du travail** : pour rester compétitives, les entreprises doivent maîtriser leurs coûts, en grande partie constitués des charges de personnel. Aussi, un niveau trop élevé du coût du travail (somme des salaires et des cotisations sociales et taxes assises sur la masse salariale) représente un obstacle à l'embauche. On parle dans ce cas de **chômage classique** par référence au déséquilibre sur le marché du travail théorique. Toutefois, il est à noter qu'un niveau trop faible des salaires nuit à la consommation des ménages, et donc à la demande qui s'adresse aux entreprises, conduisant à une aggravation du chômage.
- **Le progrès technique** : il est à la fois créateur et destructeur d'emplois. En ce sens, ces effets sur l'emploi sont indéterminés. Il détruit des emplois dans les secteurs où il se diffuse au détriment des personnes insuffisamment qualifiées. Bien entendu, il

est créateur d'emplois dans les secteurs dits « de pointe » ou émergents. En somme, le progrès technique, s'il ne s'accompagne pas, lors de sa diffusion, d'actions de formation, peut condamner au chômage une partie de la main-d'œuvre.
Tout dépend de la capacité de réponse du système d'éducation et de formation, en temps et en qualité.

3 La lutte contre le chômage

- **La diminution de la population active** : il peut s'agir de prolonger l'âge des études, d'abaisser l'âge de la retraite et développer les préretraites, de limiter l'immigration.
- **La formation des hommes** : l'accent est mis sur l'amélioration de la formation initiale et continue des travailleurs pour que ceux-ci s'adaptent aux nouvelles exigences du marché du travail.
- **La création d'emplois** : une politique favorisant la croissance de la demande et de la production va permettre de relancer l'embauche des entreprises. En outre, une baisse du coût du travail peut inciter les entreprises à créer des emplois. Toutefois, pour que la baisse du coût du travail ne nuise pas à la consommation des ménages, il est possible d'envisager une baisse des cotisations sociales patronales.
- **Le partage du travail** : l'idée part d'un calcul simple. Si 20 millions de salariés qui travaillent 40 heures acceptent de ne travailler que 35 heures, 100 millions d'heures sont libérées, ce qui correspond à peu près à 2 860 000 créations d'emplois. Cette solution se heurte aux problèmes de la non-divisibilité de certains travaux, de la compensation salariale et des gains de productivité. Ainsi, l'abaissement de l'heure légale hebdomadaire à 35 heures en l'an 2000 pour les entreprises de plus de 20 salariés (à partir de 2002 pour les autres) a obligé les partenaires sociaux à discuter de la répartition des gains de productivité entre salaires et profits.

4 Les différents types de chômage

- **Le chômage conjoncturel** : il est lié au ralentissement de l'activité économique.
- **Le chômage structurel** : il est lié aux modifications des structures de l'économie, telles que le déclin d'activités traditionnelles (sidérurgie, textile), l'internationalisation des économies, la tertiarisation des activités, etc.
- **Le chômage frictionnel** : c'est un chômage de courte durée qui correspond au temps nécessaire pour passer d'un emploi à un autre. Il résulte d'une mobilité trop importante, ou trop insuffisante de la main-d'œuvre. On le considère comme un chômage incompressible.
- **Le chômage partiel** : il correspond à une réduction forcée du temps de travail décidée par l'entreprise pour un temps limité, en cas de réduction passagère de l'activité. Il est en partie indemnisé.

• **Le chômage technique** : il concerne un arrêt partiel ou total du travail qui résulte de causes externes à l'entreprise (défaillance d'un fournisseur pour cause de grève par exemple).

Application

Vulnérabilité face au chômage et employabilité (Insee)

Sexe	Tranches d'âge	Vulnérabilité*	Difficultés de reclassement**
Hommes	âge < 25	1,14 %	3,35 %
	25 < âge < 49	0,37 %	2,49 %
	âge > 50	0,13 %	3,46 %
Femmes	âge < 25	1,17 %	5,20 %
	25 < âge < 49	0,45 %	4,28 %
	âge > 50	0,18 %	4,63 %

* Rapport entre le nombre de personnes au chômage depuis moins d'un mois et la population active occupée.

** Rapport entre le nombre de chômeurs depuis plus d'un an et le nombre total de chômeurs.

Reporter sur un graphique les données du tableau (difficultés de reclassement en ordonnées et vulnérabilité en abscisses). Que peut-on en conclure ?

Corrigé

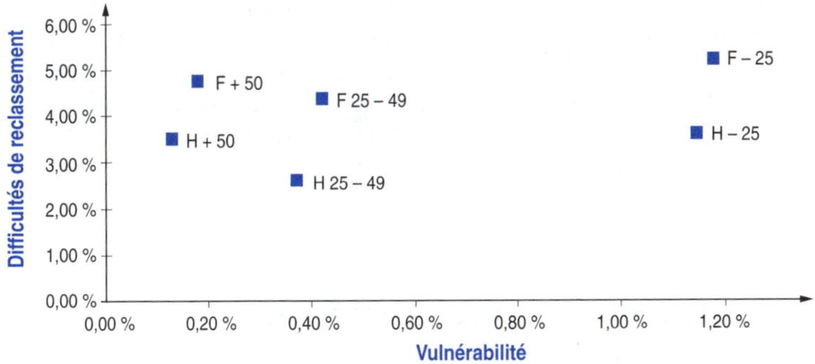

À la lecture du graphique, il est possible de dire que les femmes ont, quelle que soit la classe d'âge, plus de difficultés de reclassement que les hommes et qu'elles sont plus vulnérables que ceux-ci face au chômage.

En outre, on constate que, globalement, les jeunes (hommes et femmes) sont plus vulnérables au chômage que les travailleurs âgés. En contrepartie, ces mêmes travailleurs âgés ont plus de difficultés à retrouver un emploi lorsqu'ils tombent au chômage (difficulté de reclassement plus élevée). Il convient toutefois de préciser que les difficultés de reclassement grandissent pour les jeunes et notamment pour les jeunes femmes.

35 La protection sociale

Principes clés

- Des mécanismes de protection sociale ont été mis en place dans de nombreux pays industrialisés au lendemain de la Seconde Guerre mondiale. Leur organisation connaît de grandes différences selon les pays. Ils n'ont cessé de s'étendre depuis leur apparition.
- La protection sociale est destinée à protéger les individus contre un certain nombre de **risques** (maladie, accident, chômage) ou de situations particulières conduisant à une perte de revenus (maternité, famille nombreuse, vieillesse). La **protection sociale** désigne l'ensemble des institutions et des mécanismes qui garantissent des ressources aux personnes placées dans ces circonstances. L'expression **Sécurité sociale** est plus restrictive et désigne les organismes des branches maladie, famille et vieillesse.
- Deux principes peuvent présider à l'organisme d'un système de protection sociale, **l'assurance et l'assistance**. La logique de l'assistance consiste à verser un minimum de ressources à toute personne qui en a besoin, indépendamment de ses versements antérieurs. La logique de l'assurance lie l'ouverture des droits sociaux aux cotisations versées. En France, les deux logiques coexistent. Les organismes de protection sociale (URSSAF, UNEDIC) suivent la logique de l'assurance tandis que l'État prend en charge certaines formes d'assistance (RSA, minimum-vieillesse).
- La protection sociale est une **réponse collective** au besoin de couverture contre les risques sociaux. Elle se distingue des assurances individuelles dans lesquels les individus doivent choisir d'affecter une partie de leur épargne à cette protection. La contrepartie de ce principe de solidarité est le caractère obligatoire des versements.

1 La protection sociale et son évolution

- **La protection sociale n'a cessé de s'étendre**. Les risques couverts sont devenus de plus en plus nombreux, et le financement a pris de plus en plus d'ampleur. Cotisations et prestations dépassent aujourd'hui 30 % du revenu disponible des ménages.
- La **complexité de l'organisation** de la protection sociale en France résulte d'une accumulation d'institutions nées à des époques différentes. Organisés sous la forme du paritarisme, c'est-à-dire d'une gestion conjointe par les syndicats et les organisations patronales, différents régimes permettent la protection des personnes. La

Sécurité sociale en regroupe plusieurs : régime général (salariés du commerce et de l'industrie), régime agricole (salariés et exploitant), régimes spéciaux et régimes particuliers (fonctionnaires, militaires, étudiants), régimes autonomes (non salariés). Le **régime général de la Sécurité sociale** est organisé en **caisses** (caisses nationales d'assurance vieillesse, d'assurance maladie, d'assurance familiale). Enfin, le **régime d'indemnisation du chômage** est géré par l'Union nationale pour l'emploi dans l'industrie et le commerce (UNEDIC).

- **Le financement de la protection sociale** reste essentiellement lié aux revenus du travail, et plus particulièrement aux salaires :

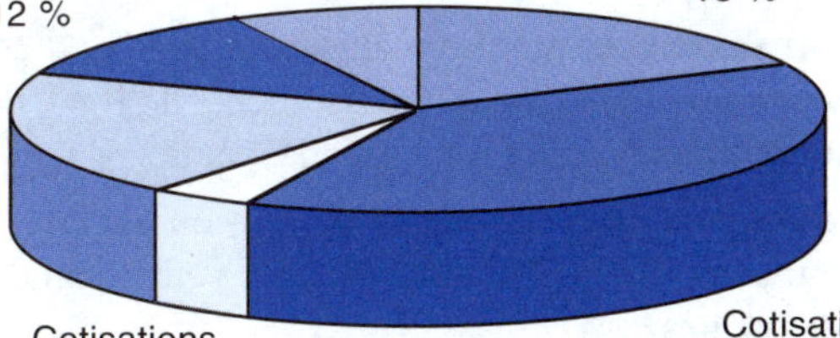

- Le mouvement de **déplafonnement des cotisations** a contribué à diminuer le poids relatif des bas salaires dans les recettes de la protection sociale mais il a rééquilibré le financement au profit des employeurs, de même que les mesures d'exonération de charges sociales en faveur de l'emploi.
- **L'État est amené à intervenir de plus en plus dans le financement des régimes de protection sociale**. Depuis le début des années 1990, de nouvelles taxes ont été instaurées (contribution sociale généralisée, remboursement de la dette sociale), les cotisations d'allocations familiales ont été fiscalisées. Cette évolution tend à accroître le poids du financement public.

2 Les risques sociaux et leur couverture

- **Le risque vieillesse** est couvert par deux types de prestations : les préretraites et les retraites relevant de la logique d'assurance, le minimum vieillesse relevant de l'assistance. Les retraites sont financées par **répartition entre les actifs et les retraités** selon un calcul faisant intervenir la durée de cotisation (43 ans pour la retraite à taux plein pour les personnes nées après 1973) et le montant des salaires (moyenne des vingt meilleures années). Mais ce système est remis en cause sous l'effet de plusieurs facteurs :

- l'augmentation de l'espérance de vie,
- le ralentissement des cotisations dû au chômage, à la faible progression de la masse salariale,
- l'arrivée à l'âge de la retraite de générations nombreuses aux carrières complètes.

Le minimum vieillesse est financé par le budget de l'État.

- **Les prestations familiales** visent deux objectifs : favoriser la natalité et assurer une redistribution entre les familles nombreuses et les autres. Ce sont des prestations en espèces prenant la forme d'allocations familiales, d'allocation rentrée scolaire, d'aides au logement.
- **Les prestations chômage** relèvent de l'assurance (allocation unique dégressive en fonction de la durée de cotisation) et de l'assistance (personnes n'ayant jamais travaillé et chômeurs en fin de droits).
- **Les prestations santé** couvrent les risques de maladie, d'accident du travail et d'invalidité. Elles comprennent des remboursements de frais, des prestations en espèces (indemnités journalières) et des rentes d'incapacité.
- **D'autres risques** sont couverts par la protection sociale : catastrophes naturelles, violences criminelles, exclusion, guerres… Le versement du RSA est pris en compte dans ces autres risques.

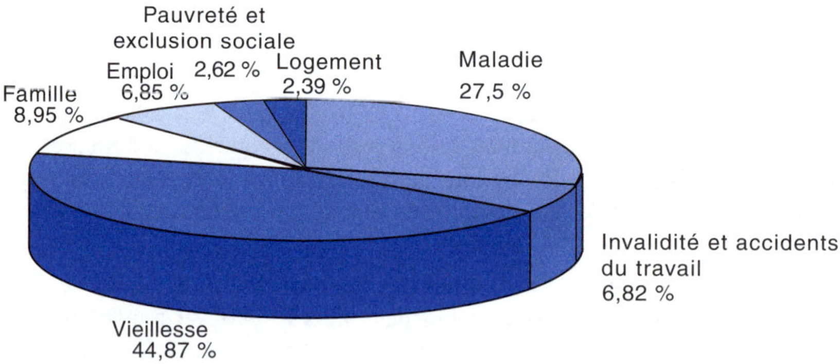

- **Pour compléter les indemnisations**, il est possible d'adhérer à des mutuelles (retraite complémentaire, complémentaire maladie) qui fonctionnent sur le même principe que la protection sociale mais n'ont pas son caractère obligatoire.

3 Les difficultés financières de la protection sociale

- La hausse des dépenses de protection sociale est due à des causes économiques, sociologiques et démographiques :
  - généralisation et amélioration de la couverture des risques,
  - croissance du coût des prestations (dépenses de santé),

- vieillissement de la population,
- augmentation du nombre de chômeurs.

- **Le ralentissement des recettes** est lié à la faible progression des salaires, à la chute de l'effectif cotisant du fait de l'augmentation du chômage.
- **Les déficits sociaux** se traduisent chaque année par un ajustement a posteriori des recettes aux dépenses (emprunts, contribution du budget de l'État). Des mesures ont été prises pour tenter de résorber ces déficits : hausse des taux de cotisation, déplafonnement, fiscalisation de certaines cotisations, instauration de nouvelles taxes (CSG, CRDS) pesant sur tous les revenus, allongement de la durée de cotisation pour la retraite, limitation de l'offre médicale par la responsabilisation des assurés et des professionnels de la santé (maîtrise des dépenses de santé).

4 Le défi de l'exclusion

Le phénomène de l'exclusion remet en cause l'efficacité de la protection sociale et présente un risque pour la cohésion sociale. L'exclusion est directement issue de la persistance de la crise, de l'allongement de la durée du chômage. On peut le caractériser par la **rupture des liens sociaux**.

- **L'exclusion du monde du travail conduit à l'exclusion sociale** : la privation d'emploi a, au-delà des conséquences économiques, des conséquences sociales importantes, surtout dans un contexte de réduction des prestations sociales, de socialisation par l'emploi.
- **L'exclusion fait apparaître une société duale** : ce dualisme se manifeste par une rupture entre les individus insérés professionnellement et socialement et les autres : chômeurs de longue durée, sans domicile fixe. Plus longue est l'exclusion, plus dure est la réinsertion. L'« employabilité » diminue avec le temps. Ne bénéficiant que d'une protection sociale limitée, les exclus doivent compter sur les associations caritatives.
- **La protection sociale tente de s'adapter** au défit de l'exclusion. La mise en place du revenu minimum d'insertion depuis 1988 tente de pallier les insuffisances de la protection sociale traditionnelle, conçue dans une époque de plein emploi. En outre, le RMI ouvre droit à une allocation logement et à une couverture sociale.
- **En 2009, le RSA** (Revenu de Solidarité Active) est venu remplacer le RMI et l'API (Allocation Parent Isolé). Ce nouveau dispositif de lutte contre l'exclusion reprend les principes de l'impôt négatif développé par Friedman en 1962. Il s'agit de provoquer une hausse significative du revenu lorsque l'individu au chômage retrouve un emploi. Jusque-là, la perte des indemnités lors de la sortie du chômage réduisait fortement l'attractivité de la perception d'un salaire. Le dispositif du RSA doit permettre, par une réduction progressive des indemnités perçues, de rendre l'emploi salarié synonyme d'une élévation du revenu plus significative et donc plus stimulante pour les personnes en situation de chômage.

Application

En quoi la montée du chômage a-t-elle remis en cause le système de financement de la protection sociale ?

Corrigé

Le système de protection sociale actuel a été conçu en période de plein emploi. Principalement assis sur les salaires, son financement a permis une amélioration générale du niveau de protection pendant les années de croissance. En période de crise de l'emploi, il montre ses limites.

- **Le chômage contribue à l'augmentation des dépenses sociales** : malgré les diminutions successives de l'indemnisation, le risque chômage absorbe une part croissante des dépenses de protection sociale.
- **Le chômage contribue à la stagnation des recettes** : du fait du chômage, la masse salariale, sur laquelle repose une grande partie des recettes, stagne. Par ailleurs, son effet négatif sur la demande globale contribue à entretenir le ralentissement conjoncturel.
- **Le chômage impose un autre mode de financement de la protection sociale**, non plus assis sur les salaires mais sur les contributions de nature fiscale, à l'assiette plus large. Ce mouvement a déjà été lancé avec la mise en place de la CSG et du RDS. Il est certainement appelé à se généraliser.

Inégalités et exclusion 36

Principes clés

- La croissance, plus ou moins soutenue certes, que les pays développés ont connue au cours de ces trente dernières années s'est accompagnée **d'une répartition plus inégalitaire** des ressources. Le problème est plus grave encore puisqu'à partir des années 1980 une **nouvelle pauvreté** est apparue.
- Au sein d'une économie, les inégalités se mesurent, en règle générale, par **les écarts de revenus** entre les agents. Toutefois, ces revenus sont de différentes natures et une analyse plus approfondie doit être menée sur l'évolution comparée **des revenus du travail et du capital**.
- Les inégalités ne se constatent pas uniquement au sein des pays développés mais apparaissent aussi entre les différentes économies mondiales. **L'écart entre les pays les plus riches et les pays les plus pauvres** tend à s'accroître depuis de nombreuses années.

1 La montée des inégalités et de la nouvelle pauvreté dans les pays développés

- Elle s'explique par le fait que les **salaires ne progressent pas** au même rythme que la croissance. De plus, les **écarts entre catégories socioprofessionnelles** se sont accrus puisque les cadres ont vu leur rémunération mensuelle s'apprécier beaucoup plus que celle des ouvriers non qualifiés. L'évolution majeure reste, toutefois, la **forte augmentation de la part des bas salaires voire des très bas salaires**. La proportion des bas salaires s'est, ainsi, accrue de 40 % au cours des vingt dernières années.
- La montée des inégalités s'est traduite par des écarts croissants entre revenu du travail et revenu de la propriété. La **part des salaires dans le revenu national a chuté** fortement en raison de la faible progression des salaires réels et de la persistance d'un chômage important. Dans le même temps, le développement des marchés financiers et les rendements élevés des actifs immobiliers ont contribué à la hausse des revenus de la propriété.
- En France, dès le début des années 1980, est apparue une « **nouvelle pauvreté** » Ce phénomène touche l'ensemble des pays développés et concerne, dans l'Hexagone,

près de 10 % de la population. Si les chômeurs en sont les principales victimes, on constate, en raison du développement du travail à temps partiel, qu'une part non négligeable de salariés est touchée par ce phénomène.

- Depuis les années 2000, on observe également une dégradation relative des classes dites moyennes ou intermédiaires qui contribuent plus qu'elles ne profitent des politiques de redistribution

2 Les inégalités entre les pays

- Les inégalités constatées entre les nations sont à la fois la cause et la conséquence de **la faible insertion des pays les moins avancés dans le commerce mondial**. La part des exportations de l'Afrique subsaharienne dans le commerce mondial ne s'élevait, déjà, à peine qu'à 6 % au début des années 1960 mais a pourtant continué à chuter pour se situer à la fin des années deux mille à moins de 3 %.
- 900 millions d'individus environ vivent dans les pays les moins avancées en 2014 (au nombre de 48 selon l'ONU), pays qui n'ont pas réussi à entrer dans la phase de décollage préalable à un développement durable. 50 % des habitants de ces pays survit avec moins de 1,25 $ par jour. De plus, **l'écart avec les pays développés** n'a cessé de se creuser au cours de ces dernières décennies. Les 20 % des pays les plus riches réalisent plus de 80 % du PIB mondial.
- Au-delà des écarts de PIB, le retard de développement est encore plus frappant lorsque l'on utilise des indicateurs comme l'**IDH** (indicateur de développement humain) ou **IPH** (indicateur de pauvreté humaine) qui intègrent d'autres paramètres comme l'espérance de vie, le taux d'alphabétisation ou bien encore le degré de malnutrition.

3 Les causes de la montée des inégalités

- **Des inégalités salariales importantes** apparaissent entre les salariés de la nouvelle économie qui ont vu leur rémunération augmenter à partir du milieu des années 1990 et les travailleurs de la vieille économie qui ont vu leur salaire réel diminuer. De plus, le développement de rémunérations sous forme de **plans d'actions** (*stock-option*) a considérablement accru les revenus des cadres travaillant dans les secteurs de l'informatique et des télécommunications.

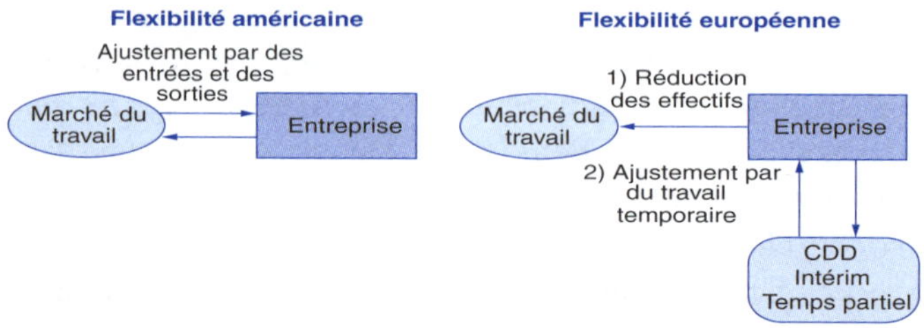

- Une autre explication est avancée avec la recherche d'une plus grande flexibilité par les entreprises. Cette flexibilité se traduit par une réduction des effectifs et la montée croissante des emplois précaires. Ce phénomène prend toutefois des formes différentes selon les pays.
- Le retard de développement des pays les moins avancés s'explique par des raisons spécifiques. La **trop forte spécialisation** sur des produits de base des économies africaines explique les difficultés qu'elles éprouvent à s'insérer dans le commerce mondial. L'instabilité politique, l'absence d'infrastructure et la faiblesse des perspectives de profit demeurent les causes essentielles du fait que **1 % seulement des investissements directs internationaux** se dirigent vers les pays les plus pauvres.

4 Inégalités de revenus et nouvelle économie

Les revenus représentent des flux qui peuvent alimenter un stock, le patrimoine

- Les inégalités de revenus et de patrimoine interagissent entre elles. En effet, de hauts revenus permettent la constitution d'un patrimoine, qui procure des revenus de la propriété, et accroît donc les inégalités de revenus d'avec ceux qui ne disposent que d'un revenu à hauteur du minimum de subsistance, lesquels ne peuvent donc pas épargner pour se constituer un patrimoine.

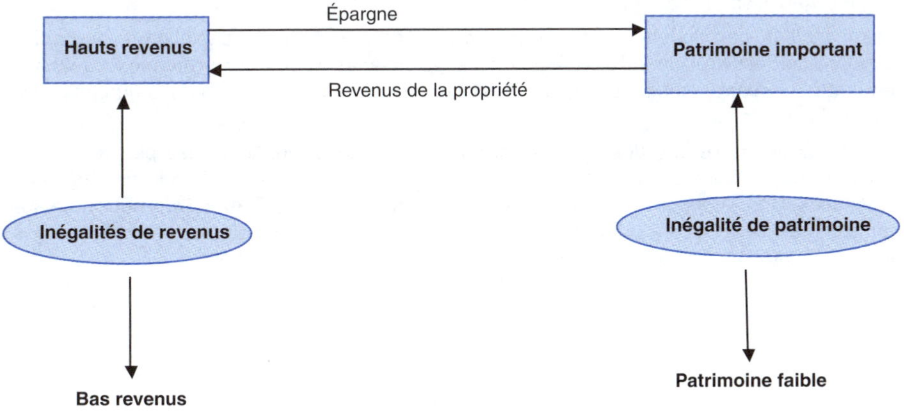

- Les inégalités de patrimoine concernent également le capital humain. Ainsi, les différences de rémunération peuvent s'expliquer par le plus ou moins grand investissement que réalisent les individus en capital humain (formation initiale et continue). C'est l'approche de Gary Becker de la théorie du capital humain (1964).

- On peut également rendre compte des différences de niveau de développement entre pays par ce biais : la formation de capital humain est cumulative. « J'ai vu plus loin parce que j'étais assis sur des épaules de géants » disait Isaac Newton en citant Bertrand de Chartres : le niveau de savoir et de savoir faire d'une nation lui confère un avantage en matière de production d'idées nouvelles et d'innovation technologique, avantage qui conduit à pérenniser les inégalités de développement entre pays.

Application

Quel rôle pour l'État dans la lutte contre les inégalités ?

Corrigé

- L'État a un rôle direct à jouer, en matière d'inégalités, à travers la **redistribution**. En effet, à travers la fiscalité, les aides à l'emploi ou bien encore le versement de revenu minimum, les pouvoirs publics contribuent à réduire les inégalités.
- Mais l'intervention de l'État engendre un certain nombre **d'effets pervers sur les inégalités**. Ainsi, les rigidités du marché du travail du fait des réglementations ou les prestations versées au demandeur d'emploi favorisent le prolongement de la période de chômage et amplifient, de ce fait, les mécanismes d'exclusion.
- Les inégalités s'expliquent, pour une grande part, en raison de l'inadaptation d'une partie de la population active. Une solution réside dans l'augmentation **des performances du système éducatif**. Il apparaît, cependant, que le système français ne parvient à réduire que très partiellement les inégalités.
- Au regard de l'ouverture des économies, chercher à réduire les inégalités par des mesures visant à réguler les mécanismes de marché risque de nuire à la compétitivité des entreprises nationales. Un État ne peut plus agir isolément et seule une **coopération internationale** apparaît comme une solution à la fois au problème des inégalités à l'intérieur des pays développés et également aux écarts très importants de développement entre les nations.

76245 - (I) - OSB 80° - 286 - LAS - MPN
Imprimerie CHIRAT - 42540 Saint-Just-la-Pendue
Dépôt légal : mars 2017
N° 201702.0034

Imprimé en France